优化房地产中介的4大提升项

职业道德
强化中介机构
职业道德和服务意识，
扭转利润至上的理念

法律法规
建立中介服务
完整的法律法规体系，
对行业实施精细化管理

监管力量
加强监管力度
规范中介机构行为，
发挥房地产中介良性
发展清理器的作用

专业人才
培育融会贯通房地产业务及法律，
兼具获取与分析能力的专业人才

郭韧 ◎ 编著

房地产中介法律工具箱

房地产中介内部运营法律文书

专业解析地产中介法律问题
轻松应对中介运营交易困局

中国财富出版社

图书在版编目（CIP）数据

房地产中介内部运营法律文书／郭韧编著．—北京：中国财富出版社，2013.6
（房地产中介法律工具箱）
ISBN 978 - 7 - 5047 - 4659 - 7

Ⅰ. ①房…　Ⅱ. ①郭…　Ⅲ. ①房地产市场 - 市场中介组织 - 企业内部管理 - 法律
文书 - 中国　Ⅳ. ①D926.13

中国版本图书馆 CIP 数据核字（2013）第 075536 号

策划编辑	黄　华		**责任印制**	方朋远
责任编辑	丰　虹		**责任校对**	饶莉莉

出版发行	中国财富出版社（原中国物资出版社）	
社　　址	北京市丰台区南四环西路 188 号 5 区 20 楼	**邮政编码**　100070
电　　话	010 - 52227568（发行部）	010 - 52227588 转 307（总编室）
	010 - 68589540（读者服务部）	010 - 52227588 转 305（质检部）
网　　址	http：//www.cfpress.com.cn	
经　　销	新华书店	
印　　刷	北京京都六环印刷厂	
书　　号	ISBN 978 - 7 - 5047 - 4659 - 7/D·0089	
开　　本	710mm×1000mm　1/16	**版　　次**　2013 年 6 月第 1 版
印　　张	17.5	**印　　次**　2013 年 6 月第 1 次印刷
字　　数	339 千字	**定　　价**　48.00 元

编委会

清除阻碍房地产中介企业"绊脚石"，加快成长步伐

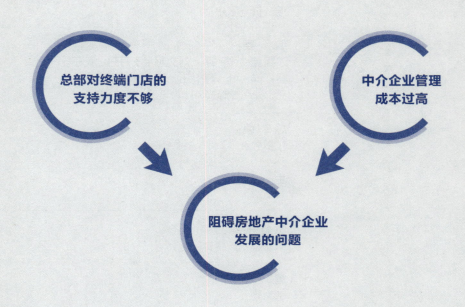

总部对终端门店的支持力度不够

中介企业管理成本过高

阻碍房地产中介企业发展的问题

大规模连锁中介企业普遍采取扁平化的管理架构，
即在公司内部设置行政管理、财务、业务、交易管理、法务等职能支持部门，
公司总部下辖多个门店。这种扁平化管理架构，适应千变万化的市场需求，
与房地产中介行业的市场导向性特点相吻合。但有两大问题仍阻碍中介企业的发展：
一是总部对终端门店的**支持力度不够**，总部对终端的支持功能有待强化；
二是中介企业**管理成本过高**，须简化管理机构，提高效率，降低管理成本。

房地产中介企业内部管理模式
创新趋势

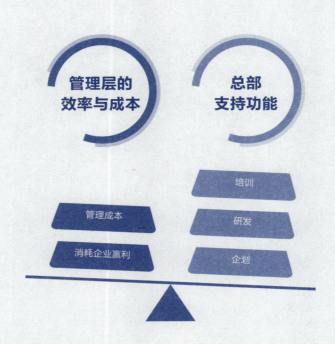

管理层的
效率与成本

总部
支持功能

培训

研发

企划

管理成本

消耗企业赢利

趋势一：强调支持功能，提升专业化程度

大规模连锁中介企业之所以能提高专业化程度，

很大程度上得益于总部层面的职能支持部门，这是单店模式和中小中介企业所不能做到的。

因此，强化公司职能部门对各个业务门店的支持功能是企业组织机构变革的第一要素。

为此，公司要搭建并加强**培训、研发、企划**三大平台，为门店提供人才培训和研发等方面的支持。

趋势二：整合资源，控制企业管理成本

在强化总部支持功能的同时，也需要兼顾管理层（包括总部和中间管理层）的管理效率和管理成本。

管理机构自身并不产生业务收入，

过大的管理队伍会因为管理**成本过高而将企业的赢利消耗掉。**

法制化弥补房地产中介管理缺陷

房地产中介从法律角度解释是一种民事法律关系。这种民事法律关系中各个主体的联系主要是通过与房地产中介有关的合同。在房地产中介活动中常见的合同有委托代理合同、居间合同、行纪合同等。作为房地产中介机构以及房屋产权人（使用人）、购房者等合同主体，其签订合同最基本的目的是在交易过程中尽可能地避免风险，实现交易，获得预期利益。

由于交易环节多、涉及法律范围广，房屋买卖具有很强的专业性和复杂性，需要相对专业的中介公司进行操作。同时，由于买卖双方的信息不对称，房屋买卖双方互相寻找对方的过程，通常是通过中介公司来完成的，因此委托中介公司获取信息并具体操作已获得普遍的社会认同。消费者对房产中介存有一定程度的依赖心理，而中介公司的服务也为买卖双方省去了很多办理手续所需要花费的时间。可见，中介公司是二手房买卖市场中一个非常重要的角色。

多数中介公司都冠以房地产"咨询""经纪"公司的名号，而经营范围则"包罗万象"。这往往使得中介公司的权力意识无限放大，而对自身责任的认识则被弱化。尤其是法律以及高级别的法规还相当匮乏，而且规定过于笼统，缺乏可操作性。有许多方面的法律关系的调整还难以涵盖，以上情况造成社会上对房地产中介的评价过低。

随着房地产市场的日趋活跃，房地产中介在流通领域的重要性将进一步凸显出来。因此房地产中介的规范化，既是房地产市场对其提出的客观要求，也是中介行业自身发展的需要。

在美国，中介服务业十分发达，有着较为完备的房地产中介服务体系。自1917年起就相继颁布了《州执照法》《一般代理法规》《契约法规》《专业理论法则》，其中房地产《州执照法》最严，作用最大。美国的房地产执照法规定了经纪人取得执照的条件、资格、标准等，并由州房地产委员会作为执行该法的机构核发、拒发、扣留、吊销，出现纠纷视情节可进行诉讼。这些法规是美国房地产中介行业长期健康发展的基础，是规范中介行为、保护各方权益的保证。

西方国家之所以有较为发达的中介行业，就是因为法制比较健全。可见法制规范化管理对于房地产中介有着很大的影响。因此要加速发展我国的房地产中介行业，关键是如何规范房地产中介行业，提高中介行业的信誉和质量。加强和完善立法，建立规范化管理是基本的前提。

编　者

2013年1月

CONTENTS 目录

CHAPTER ONE | **第一章**
以法制化、人性化措施完善公司制度建设——内部管理

CHAPTER TWO | **第二章**
协调劳动关系，提高用人效益——劳动关系管理

CHAPTER THREE 第三章
完善销售流程，强化市场成交能力——销售业务管理

CHAPTER SIX 第六章

规范公司行为，维护股东权益——公司股权管理

第一章 >

以法制化、人性化措施
完善公司制度建设——

企业身处和面对的环境和现
实不断在变化，变化的快速化和
复杂化给企业带来的挑战使得核
心竞争力成为企业生存和发展的
最为根本的战略资源。

环境·难度·变革

从经济学的角度理解，人是一种信息不对称程度最高的产品，因而企业在人员的聘用方面就存在较大难度。传统的SWOT战略、企业自身定位战略在这个快速变化的现实中已经显示不出优势。

一 加强人员管理才能维护内部秩序

❶ 管理法则要因人而异

针对不同的人要用不同的机制、不同的评价和不同的薪酬标准。先进的制度可分为市场机制和竞争机制两个方面，市场机制适用于外部的人员选用方面，竞争机制适用于企业内部的管理。这里面还包含一个人性的东西，90％的人的自我评价会高于社会评价，认为自己应该得到更好的薪酬，这就需要市场来进行评价；还有一些人不满于自己的报酬低于同岗位的同事，这就需要用内部竞争机制来解决。机制可以使管理中的劳动力成本和怠工成本得到良好的控制，市场机制可以降低劳动力成本，内部竞争机制可以降低怠工成本。

❷ "管人"要基于制度和文化

一些传统的用人理念，如"用人不疑，疑人不用""千里马易得，而伯乐难寻"等，没有正确认识和深刻理解"管人"中的"授权"和"放权"，对人员、管理人员等做了不恰当的评价。应当提倡的人力资源管理是基于先进制度的管理，如更完善一些，更进步一些，就是企业文化的积淀了。文化不是可以建立的，不是用口号和理念可以概括的，它是需要企业进行积累、成长，从而沉淀下来的东西，如果有好的文化，则真的是企业的一笔巨大的财富。

二 讲求法治，管理人性化

企业规范的前提条件是"法治"而非"人治"，"法治"最基本的要求就是制度化，重要表现是管理数据化。只有实行"制度化、数据化、情感化"，才能推动企业内部管理规范化、数据化进程。

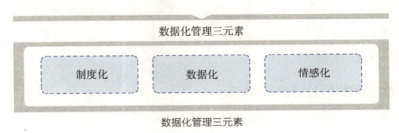

数据化管理三元素

❶ 制度化：制度大于一切

制度执行自上而下，员工看基层，基层看中层，中层看高层。如公司签发一个制度，第一个要遵守这个制度的人就是最高执行层，如果执行层都有意无意地不遵守，这个制度推行起来要大打折扣。

每个员工要大力宣扬和培育全员制度意识，按制度办事，有时会损失眼前利益、加大管理成本、影响某些事情的处理，但比起长远发展目标来说，不舍就不得。

制度拟订与实施，要遵循一个规律：认知制度、尊重制度、遵循制度、完善制度（即共同参与制订制度—共同试运行制度—共同执行维护制度—共同参与完善制度）。四个环节环环相扣，层层推进，循环往返。把握好这四个环节，任何一个制度都具有很好的代表性与可行性，公司制度建设也会不断完善。

认知制度　　尊重制度　　遵循制度　　完善制度

拟订与实施制度遵循的规律

❷ 数据化：日数日清、一数一物，让真实的数据讲话

数据管理和制度管理分不开，相互作用相互监督。良好的制度利于数据提炼和管理，数据科学化管理也是制度完善的重要借鉴，没有数据，就无法有效控制。

数据是事实（在日常管理过程中每个部门、环节只要有管理活动发生，就有数据产生）；数据也是规律（及时、准确、全面的数据能系统反映每个流程环节的运动规律）。公司制度化和数据化管理水平高低关系到这个公司的美誉度、信誉度。减少人为影响工作的程度，是管理规范的表现。

（1）数据管理审批流程设计合理

凡有数据产生的地方，都要有第三方监督核实，否则就是假数据，不能作为决策参考。数据最终结果就是一种经济绩效，也是一种现金的体现。

（2）数据处理环环相扣，做到流畅、清晰、准确

这就要求每个人用高度的责任心来处理数据。管理者更要对数据敏感，并要树立强烈的数据意识。

❸ 情感化：快乐工作，工作快乐

制度化（严肃）、数据化（科学化、严谨）管理，需要情感（人与人、员工与企业间的和谐）来协调，做到软硬有度，达到一种圆融境界。对员工来讲，就是要快乐工作、工作快乐，必须学会管理员工心情，在制度与数据管理中融入情感，保证管理效率不断提升。

完善的制度管理和数据管理，减轻了工作量，但效率提高还有赖于人的情感因素。如果给予的物质条件相同，员工一定会选择工作起来开心的公司。有时只要姿态调整一下，方式改变一下，效果完全不一样。

（1）调节团队气氛

激励团队成员的热情和乐趣；信任是最有效的激励手段，不能老用怀疑的目光看待员工。

（2）专业技能与个人艺术情感相结合

优秀管理者需要的不仅是专业能力，更要专业技能与个人艺术情感相结合（管理者除提高管理水平外，更应注重内心平衡）：第一，要努力发现感人的人与事，知足常乐就可感受快乐；第二，要努力发现有趣的人和事物，让自己变成有趣的人、快乐的人。善于发现真、善、美的人才受欢迎，也是有影响力的。快乐是一种能力，带给人快乐是领导者的能力。

三 全员参与，不断完善公司内部管理体系

❶ 确定目标，订立原则

首先，将公司的战略目标通俗地理解为"追求企业价值最大化的目标"。其次，借助专业机构的专业培训，根植企业价值的来源和用途（即来源于员工创造、组织效应和资本利益，用于劳动报酬、企业利润和资本利息，用于员工薪酬、经营成本、股东回报、企业

发展、资金成本），让员工客观地看待企业利润与自身报酬的关系。最后，将"公司利益最大化"（公司利益=股东利益+员工利益）与"公司发展与员工相结合"的经营理念充分融合。

❷ 确立流程，健全体系

首先确立公司经营核心流程，根据核心流程初步就每项管理体系与流程进行书面的整理，流程确立实行层次核定（即个人工作流程交经理，经理流程交部门负责人，部门流程和跨部门流程交总经理办公室，事业部经营管理流程交董事会审核）。目前整个企业的流程和体系都是既定的，但需要优化，体系建设需要健全，更需要各职能部门在公司高层的领导下统筹进行。体系建设不是一个人、一个部门的事情，无论是建立还是执行，都需要体系化、全局化。

❸ 设立指标，分清权责

一方面改变原来仅注重"销售和利润"的结果指标考核现状，加强过程控制，将营运管理指票纳入经营管理绩效，提高经营管理质量；另一方面完善从岗位职责、招聘设计、培训管理、工作检查、绩效评估等一系列标准，要书面化、制度化、客观化，要取得员工的认同和接受，能与分工相一致，通过人力资源体系建设来明确分工与权责，重在规范与引导员工创造最大效益。

❹ 制定制度，严加执行

制度必须要有严格的审批和修订流程，重大制度必须提交到公司的决策委员会审议。制度的制定是依据流程而来的，需要根据环境的改变而不断地强化和完善，制度要有奖惩、要有清晰的标准。有制度不执行或者曲解执行都会造成管理资源的浪费，甚至会对企业的后续发展影响较大。要加强员工制度培训，制度的标准要清晰，解释的口径一定要一致。职能部门要定期加强执行评估，执行的好坏要与直接主管绩效挂钩。

经常评估，不断改进

健全内部控制体系，建立年度决策审计机制，对于董事会决策，可外请机构进行年度审计评估；对于总经理办公会决策，要从其他事业部抽调相关人员进行交替审计和评估，总经理办公室也要组织人员对部门员工进行评估。要针对经营管理中的问题经常讨论，将评估结果和建议提请决策机构修订与完善。价值评估体系建设要以客观的认识企业价值的产生与用途为前提，要体现"价值公允"的原则，要有客观性。

管理工具箱

一　业务员薪奖制度

业务员薪奖制度

❶ 目的

为了更好地奖励绩优员工，充分肯定资深员工对公司所作的长期贡献，体现公司"培养稳定高效的业务团队、提升团队凝聚力"的留人用人机制，特制定本制度。

❷ 范围

本制度确定了业务体除区主管、店主管以外的业务员的薪奖结构、给付原则和标准、业务员职等晋升和降级的原则。

③ 定义

薪奖结构：业务员的薪奖总额包括基本薪资和提成。

基本薪资：是工作的基本劳动报酬（具体见《业务员职等薪资及升降级标准对照表》）。

累计历史实收业绩是指业务员在××直营店和委托加盟店任职期间所完成的实收业绩总额，员工自离职日起累计历史实收业绩归零。

提成：是与业务员的实收业绩挂钩，按比例提取（具体见《业务提成比例表》）。

提成=月度实收业绩金额×提成比例

④ 奖励要求

（1）业务员的职等职称确定

第一，业务员职等分为：

业务员职等分类

四等一	不动产顾问
四等三	优秀不动产顾问
四等五	卓越不动产顾问
五等一	业务主任
五等三	优秀业务主任
五等五	卓越业务主任
六等一	业务副理
六等三	执行副理
七等一	业务经理
七等三	执行经理

第二，新入职的业务员一律从"四等一 不动产顾问"做起，基本薪资都较低。

第三，新入职的业务员如无同行从业经验，且具备大专以上学历的，入职前三个月，在每月基本薪资的基础上，公司给予其几百元/月的培养津贴，三个月满后将不再享受该项津贴。

新人在入职当日应将学历证书原件交人事处审核，核定是否可享受培养津贴；因特殊情况在入职当日不能交付学历证书原件的，应于入职之日起15天内补交学历证书原件，否则视同放弃享受培养津贴，且不与补办。

第四，职等晋升：当业务员同时符合累计历史实收和前三个月累计实收的晋升标准的，其职等做相应晋级，基本薪资也将做相应调整。

如新人入职不满三月，因业绩突出，提前达成晋升标准的，可以提前晋升职等，以资奖励其突出表现。享受培养津贴的新人，在入职前三个月内可继续享受该项津贴。

第五，职等降级：当业务员前三个月累计业绩不佳，符合降级标准的，其职等做相应降级，基本薪资也将做相应调整。

第六，职等的晋升和降级，均按实际达成额度来确定，可以跳级晋升或降级。

第七，业务员晋升为副理级后，自晋升之日起半年内不降级，如达成晋升标准的仍予以晋升；业务员晋升为经理级后，自晋升之日起一年内不降级，如达成晋升标准的仍予以晋升。

第八，职等的晋升和降级以上月最后一日为结算日，由人事行政部根据本制度相关规定予以核定，经门店主管签字确认后公告布达，当月薪资将按公告的职等核算。

第九，每月10日后新入职的业务员，该月不计入考核月，培养津贴自次月起支付，共计支付三个月。

（2）提成

第一，每个考核年度的年度累计实收从自然年的1月1日起计算，至自然年12月31日止；次年将重新计算。上一考核年度的未收佣金在次年收回的，则按次年的提成比例计算。

第二，提成比例。

业务员提成比例

业务员年度累计实收业绩在10万元以下（包含10万元）的部分	其提成比例均为10%
业务员年度累计实收业绩在10万元以上至20万元（包含20万元）的部分	其提成比例均为20%
业务员年度累计实收业绩在20万元以上至30万元（包含30万元）的部分	其提成比例均为22%
业务员年度累计实收业绩在30万元以上至40万元（包含40万元）的部分	其提成比例均为24%
业务员年度累计实收业绩在40万元以上至50万元（包含50万元）的部分	其提成比例均为26%
业务员年度累计实收业绩在50万元以上的部分	其提成比例均为28%

第三，同一业务员与其在公司有过成交记录的同一老客户再次成交买卖的，该笔买卖业务的提成比例在原由基础上加计5%。

属于租赁老客户的，其累计租赁成交佣金必须在人民币一万元以上的，业务员在成交买卖时的提成方可适用本项规定；如该客户在历史成交和新成交中有折佣情况的，业务员提成不适用本项规定。

第四，离职人员在职期间发生实收业绩，提成结算给其本人；离职日后发生的实收业绩，提成由实际完成人员领取，或计入门店公积金，该部分的提成按店主管的书面确认单结算与发放。

（3）团奖

第一，每月结算门店损益，如门店有赢利，按赢利金额的2%作为店头团奖；

第二，团奖的1/3作为对门店秘书的奖励，2/3作为门店公积金，秘书在试用期不享受团奖分配；

第三，团奖不弥补前期亏损，按当月结算。

（4）薪资奖励发放

第一，公司于每月15日发放上月薪资和提成；

第二，团奖于结算月后的第二个月15日发放。

相关文件

业务员职等薪资及升降级标准对照

职等	职称	基本薪资	晋升标准		降级标准
			累计历史实收达成	前三个月累计实收达成	前三个月累计实收不满
四等一	不动产顾问	1200元	10万元	8万元	—
四等三	优秀不动产顾问	1300元	20万元	12万元	3万元
四等五	卓越不动产顾问	1400元	30万元	13万元	4万元
五等一	业务主任	1600元	40万元	14万元	5万元
五等三	优秀业务主任	1800元	50万元	15万元	6万元
五等五	卓越业务主任	2000元	60万元	16万元	8万元

续　表

职等	职称	基本薪资	晋升标准		降级标准
			累计历史实收达成	前三个月累计实收达成	前三个月累计实收不满
					副理级业务半年内不降级 前半年累计实收不满
六等一	业务副理	2500元	100万元	20万元	20万元
六等三	执行副理	3000元	150万元	25万元	25万元
					经理级业务一年内不降级 前一年累计实收不满
七等一	业务经理	3500元	200万元	30万元	40万元
七等三	执行经理	4000元	—	—	50万元

业务提成比例

年度累计实收	提成比例
0～10万元（包含10万元）	10%
10万～20万元（包含20万元）	20%
20万～30万元（包含30万元）	22%
30万～40万元（包含40万元）	24%
40万～50万元（包含50万元）	26%
50万元以上	28%

⑥ 附加说明

　　本制度从＿＿＿＿年＿＿月＿＿日起正式执行；原有的薪奖制度除区主管、店主管部分暂时不调整以外，均同时取消；区主管、店主管的红利于结算月后的第二个月15日发放；

　　在签约中心确认结案后一个月内未收回的佣金，转由总部客服中心追收，佣金收入不计入门店及业务员的实收业绩；

　　本制度由人事行政部制定，并负责解释和归口管理。

薪酬制度的一个关键原则是，要把薪酬中的一大部分与工作表现直接挂钩。在确定薪金和奖励标准的时候，两个通常最有分量的因素就是这个人的职务和他的工龄。如果你根据雇员的职务高低发奖金，或者给每个雇员平均提高薪水，那么，你就把奖励变成了一个权力，而不是一种激励。你对表现最差的人放任自流，你在鼓励最优秀的员工去修改他们的简历，去其他公司另谋他职。所以在制定薪奖办法时要注意以下准则。

准则一：不要把报酬和权力绑在一起。

准则二：让员工们更清楚地理解薪酬制度。

准则三：大张旗鼓地宣传。

准则四：不要忽视日历，奖励晚了几乎同不奖励一样糟糕。

准则五：给奖励留有回旋余地。

准则六：不能想给什么就给什么。

准则七：不要凡事都予以奖赏。

二 管制文件管理办法

文书、合同、凭据等的总称。

管制文件管理办法

为规范管制申领、使用、回收、存档及定期清理等相关行为，加强对契据的管理，特制定本办法；各店秘书及相关责任人务必严格遵守、执行。

（一）契据的保管

1. 公司的所有契据由总部统一管理，包括契据印刷、发放、回收、存档、定期清理及相关制度的修订。

2. 各分店的契据由各店店长监控，由秘书具体负责，包括契据换领、发放、回收及相关契据制度的执行。

3. 相关部门及人员若遇休假等不在岗的情况下，则具体责任人应提前指定好其代理人。

4. 契据领用人对于其领取的契据应妥善保管，以防遗失损毁。

5. 为便于店内契据的管理、使用，第一，秘书应在其休息或外出的情况下与店长或指定代理人办理契据委托管理手续，托管管理时需填写《契据托管登记表》，同时移交相应的契据；第二，待秘书回到岗位时，秘书应与店长或指定代理人对此前委托管理的相应契据进行核对。

（二）契据的领用及使用流程

1. 店头契据由门店秘书至总部领取契据

领取人：由各店秘书向总部秘书申领；

领用时间：每周的三、五、六、日；各店秘书应于至总部换领契据的前一天以电子文档形式将《契据换领登记表》发至总部秘书邮箱（如门店有分组需分组进行报备）；特殊情况的向总部秘书提前申报；所有领、换的契据号码都必须在电脑《契据换领登记表》中保存留档。

领用数量：各分店第一次从总部领取契据的数量上限见下表：

各分店第一次从总部领取契据的数量上限

居住用房出售经纪合同	50份/组
非居住用房出租经纪合同	25份/组
非居住用房买卖经纪合同	10份/组
房地产买受经纪确认书	100份/组
房地产承租经纪确认书	50份/组
房屋买卖经纪合同内容更改附表	25份/组
房屋租赁经纪合同内容更改附表	25份/组
买卖意向	25份/组
意向金收据	10份/组
买卖定金协议	10份/组
租赁意向书	10份/组
租赁定金协议	10份/组
房屋租赁合同	10份/组
钥匙收条	10份/组

各分店除第一次可从总部按上述数量领取契据外，之后归还数额等同于领取数额。

2. 领用方式

店头以换领的方式向总部秘书申请，报备数额以整数形式换领；换领时必须上交契据的第一联，秘书应将归还的契据分类按照编号由大到小排好，送至总部秘书。

3. 总部秘书应做好各分店契据申领的备案登记。

（三）契据的回收

第一，业务员在契据使用后，应在24小时内填写好回报管制表，将其及契据一起交由秘书，由秘书输入电脑。

第二，秘书应将回收之契据的使用情况通过《委托书统理表》及时做好登记备案。

第三，所领契据如有毁损、遗失的，则该领用人应及时填写《契据遗失、毁损保证书》，并交店长签字确认，然后交由秘书保管；秘书在领用人毁损、遗失契据的时候亦有权责令该领用人及时填写契据遗失保证书。

第四，意向金转为定金或服务费、签订正式买卖合同开具相关收据，以及在退意向金时必须收回买卖意向书的第四联（白联—客户联）；若客户遗失、毁损的，则必须由客户出具相关情况说明书并签字盖章。

（四）调职人员契据的交接

秘书在业务员离、调职时，应根据《契据领用登记表》将相关契据悉数收回，包括未用的、已用的、遗失毁损的；若有遗失毁损的，离、调职人员应依相关规定办理填写《契据遗失、毁损保证书》并同时缴纳相应罚款。

（五）关于契据的查询及调取

1. 查阅。查阅人应提前半个工作日向总部秘书申请并需经主管同意。

2. 调取。调取人应提前半个工作日向总部秘书申请，并由秘书门店店长确认，如需调取契据的第一联（黄联—总部留档联）领取原件时需以书面形式上交《契据调领申请表》，并由当事人及店长签字确认；如并不是同一家门店的调取时则必须上交《契据调领申请表》的同时附有另一家店店长的签字确认，同时需经法务处经理同意并签字确认；并需在规定时间内归还，如超过归还时间将以契据遗失处理责任人需填写《契据遗失、毁损保证书》并同时缴纳相应罚款。

（六）罚则

1. 领用契据时必须填写《契据领用登记表》，未及时登记的，责任人应交纳20元/份的罚款；由全店同人监督，由店长执行；罚款纳入店头福利金。

2. 契据丢失的，责任人应填写《契据遗失、毁损保证书》，契据并需另附责任人的丢失情况说明书，店长检核，并双方签字，同时需缴纳相应罚款。

第一，若具体责任人为业务员，且丢失的契据为房屋租赁合同、买卖意向、非居住用房买卖经纪合同、房地产买受经纪确认书、房地产承租经纪确认书、意向金收据、买卖定金协议、租赁意向书、租赁定金协议，则责任人应缴纳×元/份的罚款，由店长监督，秘书执行；其中×元作为换领契据的罚款，×元作为店头福利金；同时需另附丢失情况说明，店长检核，责任人及店长签字。

第二，若具体责任人为业务员，且丢失的契据为居住用房出售经纪合同、非居住用房出租经纪合同、房屋买卖经纪合同内容更改附表、房屋租赁经纪合同内容更改附表、钥匙收条的，则责任人应缴纳×元/份的罚款；由店长监督，秘书执行；其中×元作为换领契据的罚款，×元作为店头福利金。

第三，若具体责任人为秘书，且丢失的契据为租赁合同、房地产居间合同（买卖）、房地产居间合同（承租）、房地产买卖居间合同、房地产买受经纪确认书、房地产承租经纪确认书、定金保管书的，则责任人应缴纳×元/份的罚款；由全店同人监督，店长执行；其中×元作为换领契据的罚款，×元作为店头福利金。

第四，若具体责任人为秘书，且丢失的契据为房地产居间合同（出售）、房地产居间合同（出租）、合同变更确认书的，则责任人应缴纳×元/份的罚款；由全店同人监督，店长执行；其中×元作为换领契据的罚款，×元作为店头福利金。

第五，若具体责任人为店长，且丢失的契据为租赁合同、房地产居间合同（买卖）、房地产居间合同（承租）、房地产买卖居间合同、房地产买受经纪确认书、房地产承租经纪确认书、定金保管书的，则责任人应缴纳×元/份的罚款；由全店同人共同监督，秘书执行；其中×元作为换领契据的罚款，×元作为店头福利金。

第六，若具体责任人为店长，且丢失的契据为房地产居间合同（出售）、房地产居间合同（出租）、合同变更确认书的，则责任人应缴纳×元/份的罚款；由全店同人共同监督，秘书执行；其中×元作为换领契据的罚款，×元作为店头福利金。

3. 契据毁损的：第一，具体责任人若能将毁损契据的毁损部分归还（契据本身体现的是几联就要归还几联），则可以免交罚款，但必须书写《契据遗失、毁损保证书》；第二，具体责任人若不能将毁损契据的毁损部分归还的，则作为丢失处理：具体罚则参见本办法第七条第二项。

　　该契据管理办法摘自某房产经纪公司，该办法中有关于罚款之约定，不符合现在大多数城市对劳动关系的约定，但制度约定比较清晰，仅供参考。

三　已签约案件档案管理办法

签约档案管理细则

　　第一条　签约档案的建立

　　第一，签约档案的建立由个案签约法务于签约过程中建立，其须在接到签约预约表后即开始个案档案的建立，直至签约完成；在此过程中，个案签约法务须将交易所需相关资料的原件及复印件及时收集。

　　第二，档案建立应归集的相关资料：

✔ 签约预约表（必备）；

✔ 产权资料调查复印件（必备）；

✔ 房地产产权证或预告登记证明（原件及复印件）（必备）；

✔ 双方当事人身份证明复印件（必备）；

✔ 买卖合同（必备）；

✔ 授权委托书（原件或传真件）；

✔ 代理人身份证明（复印件）；

✔ 预售合同原件（复印件）；

✔ 上手契税完税凭证，上手发票；

✔ 婚姻证明（复印件）；

✔ 户口本（复印件）；

✔ 租赁合同（租赁备案必备）；

✔ 放弃优先购买权声明（租赁备案必备）；

✔ 暂住证明（复印件）；

✔ 佣金确认书（必备）；

✔ 资料收据（复印件对方签字）（必备）；

✔ 自办贷款承诺书（如客户自办贷款必备）。

第三，个案签约法务须在签约完毕后及时将上述资料归入档案袋，并将归档记录表贴在档案袋上；完整填写归档记录表并将归放档案袋的相关资料在归档记录表上对应填写准确。

第四，在建档后，个案签约法务须将个案的相关情况于建档后两个工作日内输入"代书流程记录表"和房友系统。

第五，个案签约法务在输入"代书流程记录表"时，依据输入的先后顺序，生成该成交档案的成交编号，即档案编号。

第六，个案签约法务在结案后，须及时将档案移交至档案管理人员，档案管理人员对归档资料进行校对；无误后由档案管理人员签字确认。

第二条　档案的保管

第一，未结案件的档案由案件签约人员负责管理，签约人员自行管理自己手中未结案件档案，如他人须调用，须做好相关调阅记录；未结案件档案发生遗失，由该签约人员承担相应责任并记小过；

第二，结案档案移交档案管理人员后，由档案管理人员确认并统一保管；

第三，档案管理人员应根据档案编号对档案进行统一归档并依照本细则对所有归档的档案严格管理；

第四，统一归档的档案柜钥匙由档案管理人员统一保管，法务处协理留有备用；档案柜的钥匙禁止借于他人。

第三条　档案的查询

第一，查询的内容限于电子成交档案无相关资料的备份，若电子成交档案有相关资料备份，则档案管理人员有权拒绝配合。

第二，营业部、法务处、客服中心相关人员及总经理以上级别人员（以下简称"该相关人员"），若要查阅相关案卷的，则直接至档案管理人员处申请查阅，签字确认后，档案管理人员应配合。

第三，若个案转化为非常态案件后，则除该相关人员，任何人查询，档案管理人员必须报备客服经理和法务处协理批准。

第四条　档案保存期限

个案自成交后不得低于两年。

第五条　档案遗失处罚

第一，案件未结期间，相关档案由签约人员保存管理，如有遗失，签约人员承担责任并记小过；

第二，结案档案移交档案管理人员后，如有遗失，档案管理人员承担责任并记小过；

第三，不论是案件未结或结案期间，签约中心档案发生遗失，签约中心主管负督导不利之责任并记小过。

四 印章管理制度

印章管理制度

编制目的：规范印章使用管理

适用范围：上海××房地产经纪有限公司所有印章

职责/权限：印章保管员负责印章的保管和监印工作

一、公司现有印章包括

公章：只刻有公司名称全称的印章，简称"公章"；

业务专用章：刻有业务专用的印章，如合同专用章、财务专用章、发票专用章等；私章：法人章。

二、印章的使用范围规定

以公司名义对外发布的文件、证明、申请，及其他在业务职权范围之内需要盖公司印章的资料等，经公司负责人或授权人签字批准，盖公司公章。

各部门业务专用章的使用，严格控制在本部门业务范围之内。

财务专用章的使用，须严格执行国家"会计制度"及公司财务管理制度的规定。

公司签署的合同经评审通过后（公司负责人或授权人签字），盖公司合同章。

法定代表人章根据需要出具。

三、印章的保管、监印

公司的行政章、合同章由公司法定代表人或总经理指定专人保管、监印。如因特殊原因需移交他人保管需经公司法定代表人或其授权人同意，不得擅自移交；现

公司公章由_____保管、监印，公司合同章由_____保管、监印；

财务专用章及发票专用章由_____、_____分开保管、监印；

法人章由_____保管、监印；

公司使用的所有印章，必须在公司行政部门留印备案。

四、印章使用审批权限

公章、合同章的使用须经公司法定代表人或公司负责人或授权人批准。

财务专用章的使用，须严格执行国家"会计制度"及公司财务管理制度的规定，加盖财务专用章的资料必须经过公司财务负责人、公司负责人的批准或授权。

法定代表人私章的使用根据国家有关财务规定进行。

五、印章的盖用

文件、资料、合同需用印时，申请人需填写"审批表"或登记，经监印人评审后用印。

印章监印人有权对需盖章的文件进行审核，并拒绝在与公司有关规定相违背的文件、证明上加盖印章。

六、印章的携带外出使用

原则上印章须当天使用当天归还，携带印章外出使用的须由印章使用人填写"审批单"，经公司法定代表人或授权人批准后，向监印人处索取印章，并登记备案使用时间、用途、归还时间等。

> 注意三种公章作用的区别：
>
> 行政章即公章，是公司对外用的，是公司对外的一个身份证明，对外代表公司。
>
> 合同章是针对公司经济活动对外签订合同所使用，它对外代表的也是公司，但不具有行政上的效力，合同章只能承认经济或者技术上的相关事情。
>
> 法人章是公司法定代表人的章，严格来说，法人即公司，跟法定代表人是不同的。法人章仅代表法定代表人的身份并承认其权限范围内的事宜，不代表公司。

七、印章监管责任

需使用公司印章的人员应当履行公司印章审批程序，如弄虚作假骗取盖具公司印章的，除赔偿给公司造成的损失外，触犯法律的将移送司法机关处理。

印章监管人应妥善保管印章，如发生疏忽大意而造成印章丢失的，公司将予以一定的处罚。

印章监管人应严格按公章审批程序出具印章，无原则出具公章，除给予处分外，还应赔偿公司由此造成的损失。

上述印章管理制度已阅，保证严格按照该制度保管及使用印章，如有违反，产生损失由本人承担。

签名：

五 印章及证照申请单

印章及证照申请单

申请日期：_____

申请部门：_____

使用公司名称：_____

使用时间：自____月____日____时____分起至____月____日____时____分止

使用种类：_____ 使用方式：□内部用 □携带外出

事　　由：_____

_____

_____

备　　注：＿＿＿＿＿＿＿＿＿＿＿＿＿＿＿＿＿＿＿＿＿＿＿＿＿＿＿＿＿＿＿＿

总经理：　　　　　　部门主管：　　　　　　处级主管：

经办人：　　　　　　保管人：

第一联　印章及证照保管人存档　　　　　　　　第二联　经办人存档

第二章 >

协调劳动关系，
提高用人效益——

劳动关系管理就是指传统的
签合同、解决劳动纠纷等内容。

劳动关系管理

交流·传递·作用

劳动关系管理是对人的管理，对人的管理是一个思想交流的过程，在这一过程中的基础环节是信息传递与交流。劳动关系管理的作用与意义是：第一，有利于协调劳动关系；第二，加强企业的民主管理；第三，维护职工的合法权益；第四，弥补劳动法律法规的不足。

一 规范化、法制化、协调型

| 兼顾各方利益 | 协商解决争议 | 以法律为准绳 | 劳动争议以预防为主 |
| 1 | 2 | 3 | 4 |

合理的劳动关系要点

　　劳动关系管理包括"合法""合情""合理"三个层面的内容。"合法"主要是指劳动关系管理要遵守现行的以《劳动法》《劳动合同法》和《劳动争议调解仲裁法》为代表的各种劳动法律法规，尽管企业担负社会责任的内容、方式以及所指向的对象不尽相同，但企业首先必须要合法地获取利润，自觉承担起对企业员工的责任，特别是对员工工资报酬的责任和义务。一方面，它能够让员工获得与其贡献相匹配的经济收入，从而保障员工自身的生存与发展，维护员工的正当权益；另一方面，也能够让员工体面地、有尊严地继续从事生产活动，从根本上改善劳动关系，实现劳动关系的和谐发展。"合情"主要是指劳动关系管理实践要在劳资双方相互依存和相互尊重的基础上，以人为本，把员工视为企业的利益相关者，进行动态的人性化管理，其目的是确保企业用工过程的平滑性和可预见性，实现劳动关系的健康和谐，化解劳动争议，避免劳动冲突。

二 合同制冲击劳动关系管理稳定性

近年我国劳动争议的数量逐年递增，涉及的劳动者人数也越来越多，终止、解除劳动合同是劳动关系中的主要矛盾之一，此类争议反映出劳动合同制度的实施正在冲击着人们旧的用工和就业观念，同时对劳动关系的稳定性产生了较大的冲击。

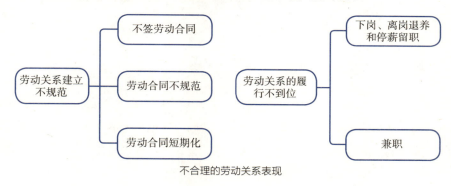

不合理的劳动关系表现

1 劳动关系建立不规范

第一，不签劳动合同。

第二，劳动合同不规范。

第三，劳动合同短期化。

② 劳动关系的履行不到位

（1）下岗、离岗退养和停薪留职

员工在与原单位保持劳动关系的情况下，并不实际履行劳动义务，在其他单位重新就业的，与后一用人单位又形成事实劳动关系。

（2）兼职

劳动者在同一时期将工作时间分配使用于几个不同单位。通常为劳动者与一个用人单位签订劳动合同，领取劳动报酬的同时，在其他单位兼职。

三 房地产中介公司需依法按章完善劳动关系管理

① 许多公司违反劳动合同法，规章不完善

员工与公司签订书面合同的比例非常低，尤其是在中介公司的业务员、楼盘销售人员，以及建筑工人等方面，即便是签订合同的，合同内容也是千篇一律，未能体现房地产企业的特点。多数公司没有成立职工代表大会或工会，今后规章制度的制定和实施将难以实现法律所规定的"民主"要求，从而使其产生效力问题。

部分企业缺乏整体的规章制度，已不符合现代企业管理要求。许多公司的规章没有让员工签收，也没有经职工代表大会或工会协商，其制定程序不符合法律规定的"民主"和"公示"要求。

与员工签订书面合同的比例非常低，这严重违反新劳动合同法的要求，存在支付双倍工资的风险。现有劳动合同有存在不合法内容。

部分企业员工实际存在超时加班、无业绩则无工资的情况。

❷ 遵守法律和政策规定 修订或完善企业相关规章制度

（1）劳动关系合法化，应与员工签订书面劳动合同

对需要留用的劳动者，企业应当主动与其签订书面的劳动合同，留用人才。

对有意辞退的劳动者，企业必须在劳动合同法实施前，依法完成劳动关系解除工作。但必须依法给予劳动者赔偿、补偿。

（2）完善劳动制度，起草并签订完善的劳动合同

①根据劳动者岗位职责制订合同

针对中介业务人员、楼盘销售人员、建筑工人可采取弹性工作制，即不定时工作制和综合计时工作制，但应向劳动部门申请并获批准。同时，也可采取以完成一定工作任务为期限的劳动合同。

②注意合法性，适用法律的全面性

合同条款必须合法，这是最基本的原则。在起草合同时，除了考虑《劳动法》《劳动合同法》外，也请注意当地一些相关法律法规及政策规定。

③注意合同条款与企业规章制度的一致性

许多企业在聘请律师制订或审查、修改合同时，只是单纯提供劳动合同而不注意企业制度文件的提供。因此，应注意同时提供企业制度文件，最好在企业制度的制定时就聘请律师参与。

（3）重新制定或修订、完善企业规章制度

房地产业具有专业性强、风险大、投资额大、投资回收期长、工作关系复杂等特点。这些特点决定了房地产从业人员必须要具有扎实的专业知识、良好的心理素质、长远的眼光及很强的综合能力。因此，房地产企业人力资源管理职能主要体现在员工的招聘、录用和培训、选拔、考核与升迁、劳动报酬和劳动激励上。规章制度制定的合法与否不仅涉及有效性问题，其内容好坏也将涉及员工是否能进能出，是否能留住好人才，并降低企业管理成本。

是否按法律程序制定或修改，将涉及规章制度的有效性问题。根据《劳动合同法》规定，企业制定企业规章制度时，务必遵循"合法""民主""公示"三大要件。

管理工具箱

一 劳动合同书及保密协议

劳动合同书

用人单位名称：上海××房地产经纪有限公司　　（以下简称"甲方"）

受聘者姓名：　　　　性别：　　　（以下简称"乙方"）

身份证号码：

联系地址：

联络电话：

　　甲、乙双方在平等自愿、协商一致的基础上确立劳动关系，为明确双方的权利和义务签订本合同，并履行以下条款。

一、用工属性

甲方聘用乙方为全日制的劳动合同制员工。乙方愿接受甲方的聘用，确认其用工属性。

二、合同期限

1. 有固定期限合同。期限自_____年____月____日起至_____年____月____日止。（乙方自愿选择有固定期限之合同，乙方已知相关权利义务。

本合同的固定期限为：自_____年____月____日起至_____年____月____日止，为期__年。其中自_____年____月____日起至_____年____月____日为试用期，为期__个月。

2. 无固定期限合同。自_____年_____月_____日起。

> 有固定期限的劳动合同，是指劳动者与用人单位在订立的劳动合同中，对劳动合同履行的起始和终止条件有具体明确的规定。期限届满，双方的劳动关系即行终止。如果双方协商同意，还可以续订劳动合同。我国劳动法律对订立有固定期限的劳动合同没有限制，用人单位和劳动者协商一致，可以选择任意期限。

> 无固定期限的劳动合同，是指劳动者与用人单位不约定具体明确终止日期的劳动合同。按照《劳动法》的规定，无固定期限的劳动合同，应当约定劳动合同终止的条件。只要不出现双方约定的终止条件或法律法规规定可以解除的情形，这种劳动合同一般不能终止。但无固定期限的劳动合同不是终身合同，出现法律法规规定的条件或者双方约定的条件时，任何一方均可提出解除或终止劳动合同。

三、工作内容及工作地点

1. 甲方安排乙方在_____部门工作，主要从事_____岗位，乙方表示接受。

2. 乙方的工作地点为：_____。

3. 乙方应按甲方所规定的工作内容、范围及职责，按时、按质、按量地完成工作任务。

4. 甲方根据企业经营需要，以及依照乙方的实际工作状况及能力，可调整乙方工作岗位。

5. 甲方变更乙方的工作岗位应当事先通知乙方。

6. 乙方在接到甲方的岗位变更通知后，应当按通知所规定的日期到新的岗位工作，否则以旷职论。

四、劳动条件和劳动保护

1. 劳动时间

工作时间为每周四十小时，上、下班时间依公司相关规定执行。

2. 劳动条件

第一，甲方根据乙方的工作需要，向乙方提供必备的劳动资料和技能培训。

第二，甲方应当对乙方进行专业知识、规章制度、职业道德等方面的教育和培训，提高乙方的综合劳动技能，乙方应积极参加。

五、劳动报酬

乙方的月工资为：_____元（其中试用期间工资为：_____元）。

乙方的工资、补贴、津贴、奖金等报酬按甲方有关制度确定并支付。工资、补贴、津贴、奖金超过国家税收规定，要缴纳个人所得税，个人所得税由公司统一缴纳，从本人薪资中扣除。

甲方有权根据公司经营及乙方的工作表现和具体工作情况调动乙方工作岗位，乙方工作岗位发生变化时，甲方可对乙方的工资标准予以调整。甲方实行变岗变薪的工资制度，乙方表示确认。每月五日定为甲方的工资发放日。

六、福利待遇

第一，甲方应按国家规定为乙方缴纳社会保险金。

第二，甲方应按国家所规定的休假制度，予以乙方符合条件的各类休假待遇。

第三，乙方患病或非因工负伤，其病假工资、疾病救济费和医疗待遇等按照员工手册中相关规定为准，员工手册中无相关规定的按国家和本市有关规定执行。

七、规章制度

第一，甲方制订的员工手册（适用全公司员工的），已经合法程序通过并已书面告知乙方，乙方确认在签署本合同书时已看过相关公司员工手册中相关内容，并知晓公司相关规定。

第二，甲方制订的专项规则（适用乙方的），已书面告知乙方。

第三，乙方对甲方在签订本合同时已有效的各项规章、规则，表示已知并确认无异议。

八、劳动合同解除

第一，甲、乙双方协商一致，本合同可以解除。

第二，乙方在试用期提前三日通知甲方，可以解除本合同。

第三，有下列情形之一的，乙方可以提前30日以书面形式通知甲方，解除劳动合同。

（1）甲方以暴力、威胁或者非法限制人身自由的手段强迫劳动的；

（2）甲方未按照劳动合同约定支付劳动报酬或者提供劳动条件的；

（3）因《劳动合同法》第二十六条第一款规定的情形致使本合同无效的；

（4）法律、行政法规规定乙方可以解除本合同的其他情形。

第四，有下列情形之一的，甲方可以解除本合同，但应当提前30日以书面形式通知乙方：

（1）乙方患病或者非因工负伤，医疗期满后，不能从事原工作也不能从事由甲方另行安排的工作的；

（2）乙方不能胜任工作，经过培训或者调整工作岗位后仍不能胜任工作的；

（3）本合同订立时所依据的客观情况发生重大变化，致使本合同无法履行，经甲、乙双方协商不能就变更本合同达成协议的；

（4）甲方因经营状况发生严重困难，或进行法定的整顿期间，确需裁减人员的；

（5）违反本合同以及甲方规章制度所规定的其他情形；

（6）严重失职，营私舞弊，给甲方造成重大损害的。

第五，有下列情形之一的，甲方可以随时解除本合同，并不支付任何形式的补偿金：

（1）乙方所提供的个人资料如身份证、学历证明被发现不实，有违诚信原则的；

（2）在试用期内乙方的工作未达到录用条件和考核标准的；

（3）严重违反劳动纪律或者甲方规章制度的；

（4）严重失职，营私舞弊，对甲方利益造成重大损害的；

（5）被依法追究刑事责任的；

（6）乙方同时与其他用人单位建立劳动关系，对完成甲方的工作任务造成严重影响，或者经甲方提出，拒不改正的；

（7）因《劳动合同法》第二十六条第一款第一项规定的情形致使本合同无效的；

（8）本合同以及甲方规章制度所规定的其他情形；

（9）法律法规规定的其他情形。

第六，乙方有下列情形之一的，甲方不得解除本合同：

（1）乙方如从事接触职业病危害作业但未进行离岗前职业健康检查，或者乙方为疑似职业病病人在诊断或者医学观察期间的（经双方协商一致或乙方违反相关员工手册内容的除外）；

（2）在甲方工作期间患职业病或者因工负伤并被确认丧失或者部分丧失劳动能力的；

（3）患病或者非因工负伤，在规定的医疗期内的（经双方协商一致或乙方违反相关员工手册内容的除外）；

（4）女职工在孕期、产期、哺乳期的（经双方协商一致或乙方违反相关员工手册内容的除外）；

（5）在甲方连续工作满十五年，且距法定退休年龄不足五年的（经双方协商一致或乙方违反相关员工手册内容的除外）；

（6）法律、行政法规规定的其他情形。

本合同期满，有第二十五条约定情形之一的，本合同应当续延至相应的情形消失时终止。但是，第八条第六项第二小项约定乙方丧失或者部分丧失劳动能力后终止本合同的情形，按照国家有关工伤保险的规定执行。

九、劳动合同的终止

1. 有下列情形之一的，本合同自然终止：

（1）本合同期限届满的；

（2）乙方退休、退职、死亡的；

（3）甲、乙双方实际已不履行本合同满三个月的；

（4）乙方开始依法享受基本养老保险待遇的；

（5）乙方死亡，或者被人民法院宣告死亡或者宣告失踪的；

（6）甲方被依法宣告破产的；

（7）甲方被吊销营业执照、责令关闭、撤销或者甲方决定提前解散的；

（8）法律、行政法规规定的其他情形。

2. 甲方按法定程序宣告歇业、撤销、解散、破产的，本合同可以终止，但甲方应提前30日书面通知乙方。

十、工作移交

双方合同终止或乙方在提出解除本合同后的30日内，必须履行工作移交的义务，按照甲方移交规定程序办理移交。

十一、经济补偿金的规定

符合本合同第八条《劳动合同的解除》、第九条《劳动合同的终止》所规定的解除或终止合同情形的，经济补偿金适用条件以及标准统一参照《中华人民共和国劳动法》《上海市劳动合同条例》的有关规定执行。

按乙方在甲方工作的年限，每满一年支付一个月工资的标准向乙方支付。六个月以上不满一年的，按照一年计算；不满六个月的，向乙方支付半个月工资的经济补偿。如乙方月工资高于本市上年度职工月平均工资三倍的，向其支付经济补偿的标准按本市上年度职工月平均工资三倍的数额支付，向其支付经济补偿的年限最高不超过十二年。

十二、违约责任

乙方违反保密协议书（见附件一）中相关规定的，应支付甲方违约金伍仟元整，违约金低于甲方损失的，乙方有义务赔偿甲方损失与违约金之间的差额部分。

乙方未按本合同约定履行工作移交义务的，按该项工作移交所需要的期间为计算依据，以乙方解除劳动合同时上一个月的工资收入为标准支付甲方违约金。

乙方未提前30日书面通知甲方的，应支付甲方一个月的替代费（标准为其上一个月的劳动报酬）。

乙方违反本合同约定的条件解除本合同或由于乙方原因订立的无效合同，给甲方造成经济损失的，应按损失的程度承担赔偿责任。

乙方违反服务期约定的，应承担违约金为：＿＿＿＿＿＿＿＿＿＿＿＿＿＿＿。

乙方违反竞业限制或保密协议约定的，应承担违约金为：＿＿＿＿＿＿＿＿＿＿＿。

十三、劳动争议

甲、乙双方发生的劳动争议可先行调解，也可自发生争议之日起六十日内向劳动争议仲裁委员会申请仲裁。

甲、乙双方确认公司的各项规章制度以及公司发布的各类通知，都是本合同的有效组成部分。

十四、其他约定事项

甲、乙双方确认，在本合同中注明的地址、通信送达地、联络电话是各类文书、文件送达地。若发生变更的，应当及时告知对方。未告知的，所发生的法律后果由未告知方自行负责。

乙方在本合同中所签署的姓名和笔迹，确认为用于本合同履行期间（包括服务期内）对其他相关文书的有效签名。

乙方确认在签订本合同时，对甲方的规章制度均已明知，并愿遵照履行。乙方必须遵守甲方制定的公司规章制度及《员工手册》。

甲方已经将公司的基本情况（包括乙方的劳动报酬、劳动条件等）均告知乙方，乙方也已经了解甲方的相关情况，在此基础上签订本合同。

甲方按照本合同第四条第（二）款第1、第2项对乙方进行之培训均系上海××房地产经纪有限公司提供的有偿服务，若由于乙方原因导致本合同终止，甲方有权要求乙方返还甲方支出的培训费用。

甲方因经营状况、管理体制发生变化，致使乙方无工作任务的，而甲方确实无法为乙方另行安排工作岗位的，甲方可以在提前30日以书面形式通知乙方的前提下解除本合同。

乙方签订本合同及其保密协议应至少提供一名具有上海市常住户籍的自然人或注册登

记地为上海市的法人作为保证人。保证人应就乙方给甲方造成的实际损失以及应由乙方负担的违约金承担连带保证责任。

本合同未尽事宜由甲、乙双方另行协商处理。

本合同如与国家、本市有关法律法规相抵触时，按有关法律法规执行。

本合同自乙方向甲方交付本人《劳动手册》《个人账户转移通知单》等证明其已与原单位无任何身份隶属关系的文件材料之日起生效。

本合同一式两份，甲、乙双方各执一份。

甲方：上海××房地产经纪有限公司　　　　　乙方：

单位代表人：

日期：　　　　　　　　　　　　　　　　　　日期：

由于新《劳动合同法》实施后，对企业要求更高，裁员成本巨大，导致2008年有一些企业宁愿抛弃企业财产也无力承担裁员成本压力，再后来大量企业通过外服服务方式，让员工与外服签署劳动合同，希望逃避人员用工成本。再后来大量企业异地注册，再用劳务派遣方式用工，利用各地劳动政策不同以及劳动主管部门不能跨省市管理的漏洞来规避劳动风险，对策多多。但总的用工须签署劳动合同原则不变，好好研究劳动合同，针对不同岗位使用不同的劳动合同，在合同中做好防范约定才能避免不应有的风险。

附件一：

保密协议书

甲方：上海××房地产经纪有限公司

乙方：

鉴于乙方在甲方任职，并将获得甲方支付的相应报酬，双方当事人就乙方在任职期间及离职以后保守甲方商业秘密的有关事项，制订下列条款共同遵守：

第一条　乙方在甲方任职期间，必须遵守甲方规定的任何成文或不成文的保密规章、制度，履行与其工作岗位相应的保密职责。

甲方的保密规章、制度没有规定或规定不明确之处，乙方亦应本着谨慎、诚实的态度，采取任何必要、合理的措施，维护其于任职期间知悉或者持有的任何属于甲方或者虽属于第三方但甲方承诺有保密义务的商业秘密信息或其他技术秘密，以保持其机密性。

第二条　除了履行职务的需要之外，乙方承诺，未经甲方同意，不得以泄露、告知、公布、发布、出版、传授、转让或者其他任何方式使任何第三方（包括按照保密制度的规定不得知悉该项秘密的甲方其他职员）知悉属于甲方或者虽属于他人但甲方承诺有保密义务的商业秘密信息或其他技术秘密，也不得在履行职务之外使用这些秘密信息。

乙方的上级主管人员同意乙方披露、使用有关的商业或技术秘密的，视为甲方已同意这样的行为，除非甲方已事先公开明确该主管人员无此权限。

第三条　双方同意，乙方离职之后仍对其在甲方任职期间接触、知悉的属于甲方或者虽属于第三方但甲方承诺有保密义务的商业秘密信息和其他技术秘密，承担如同任职期间一样的保密义务和不擅自使用有关秘密信息的义务，而无论乙方因何种原因离职。

乙方离职后承担保密义务的期限为下列第___种（未作出选择的，视为无限期保密）：

①无限期保密，直至甲方宣布解密或者秘密信息实际上已经公开；

②有限期保密，保密期限自离职之日起满____年止。

甲方同意就乙方离职后承担保密义务，向其支付保密费。乙方认可甲方在支付乙方的奖金报酬时，已考虑了乙方离职后需要承担的保密义务，故而无须在乙方离职时另外支付保密费。

第四条　乙方承诺，在为甲方履行职务时，不得擅自使用任何属于他人的技术秘密或其他商业秘密信息，不得擅自实施可能侵犯他人权利的行为。

若乙方违反上述承诺而导致甲方遭受第三方的侵权指控时，乙方应当承担甲方为应诉而支付的一切费用；甲方因此而承担侵权赔偿责任的，有权向乙方追偿。上述应诉费用和侵权赔偿可以从乙方的工资报酬中扣除。

第五条　乙方在履行职务时，按照甲方的明确要求或者为了完成甲方明确交付的具体工作任务必然导致侵犯他人权利的，若甲方遭受第三方的侵权指控，应诉费用和侵权赔偿不得由乙方承担或部分承担。

乙方的上级主管人员提出的要求或交付的工作任务，视为甲方提出的要求或交付的工作任务，除非甲方已事先公开明确该主管人员无此权限。

第六条　乙方因职务上的需要所持有或保管的一切记录着甲方秘密信息的文件、资料、图表、笔记、报告、信件、传真、磁盘以及其他任何形式的载体，均归甲方所有，而无论这些秘密信息有无商业上的价值。

若记录着秘密信息的载体是由乙方自备的，则视为乙方已同意将这些载体物的所有权转让给甲方。甲方应当在乙方返还这些载体时，给予乙方相当于载体本身价值的经济补偿。

第七条　乙方应当于离职时，或者于甲方提出请求时，返还全部属于甲方的财物，包括记载着甲方秘密信息的一切载体。

但当记录着秘密信息的载体是由乙方自备的，且秘密信息可以从载体上消除或复制出来时，可以由甲方将秘密信息复制到甲方享有所有权的其他载体上，并把原载体上的秘密信息消除。此种情况乙方无须将载体返还，甲方也无须给予乙方经济补偿。

第八条　本协议提及的商业秘密，包括但不限于：客户名单、交易记录、行销计划、定价政策、财务资料附件二相关内容，等等。

本协议提及的技术秘密，包括但不限于：技术方案、操作流程、计算机软件、相关的函电、数据库、研究开发记录、技术报告、调研报告、操作手册、技术文件、附件二相关内容，等等。

第九条　本协议中所称的任职期间，以乙方从甲方领取工资为标志，并以该项工资所代表的工作期间为任职期间。任职期间包括乙方在正常工作时间以外加班的时间，而无论加班场所是否在甲方正常工作的场所内。

本协议中所称的离职，以任何一方明确表示解除或辞去聘用关系的时间为准。乙方拒绝领取工资且停止履行职务的行为，视为提出辞职。甲方无正当理由拒绝发给乙方全部或部分工资的行为，视为将乙方解聘。

第十条　因本协议而引起的纠纷，如果协商解决不成，任何一方均有权提起诉讼。双方同意选择甲方住所地的、符合级别管辖规定的人民法院作为双方合同纠纷的第一审管辖法院。

上述约定不影响甲方请求知识产权管理部门对侵权行为进行行政处理。

第十一条　乙方如违反本协议任一条款，应当按照《劳动合同书》向甲方支付违约金；无论违约金给付与否，甲方均有权不经预告立即解除与乙方的聘用关系。

乙方的违约行为给甲方造成损失的，乙方应当赔偿甲方的损失。违约金不能代替赔偿损失，但可以从损失额中抵扣。

第十二条　本协议自双方签字或盖章完成之日起生效。

第十三条　本协议如与双方以前的口头或书面协议有抵触，以本协议为准。本协议的修改必须采用双方同意的书面形式。

第十四条　双方确认，在签署本协议前已仔细审阅过协议的内容，并完全了解协议各条款的法律含义。

立合约人签字、盖章：

甲方：上海××房地产经纪有限公司　　　　　　乙方：

单位代表人：

日期：　　　　　　　　　　　　　　　　　　日期：

附件二：

承诺书

本人作为上海××房地产经纪有限公司 的员工，知晓遵守公司的商业秘密以及关于竞业限制规定是每位员工应尽的义务。

首先，本人明确知晓下列内容为公司的商业秘密：

1. 公司的各类契据和文件；

2. 本人在工作中所调查或取得的商圈信息、市场分析资料、成交客户名单、委托客户资料及正在进行中的业务交易资料等；

3. 公司的经营管理文件、专业培训资料等；

4. 公司今后增加的其他认为属于商业秘密的任何文件或资料。本人承诺按照保密协议的要求遵守保密义务，包括但不限于：

（1）不单独发表涉及商业秘密有关文章。

（2）不将自己所掌握的商业秘密许可他人或其他房产单位使用。

（3）不利用公司的商业秘密从事相关的技术咨询和中介服务。

（4）不利用公司的商业秘密，在公司竞争的同类行业中担任培训员、咨询员和顾问。

（5）不将保密范围内的资料擅自复印，未经许可带出公司。

（6）不违反《劳动合同书》及《保密协议》规定的其他义务。

若本人违反此承诺，本人愿意按约定向公司支付违约金并赔偿损失。

承诺人：　　　　　日期：

附件三：

担保函

本人作为承诺人的保证人，已经认真阅读承诺人与_____签订的《劳动合同书》以及《保密协议》并理解其含义。鉴于此，本人自愿对承诺人在履约过程中给甲方造成的实际损失和应由承诺人承担的违约金承担连带保证责任。保证期限至_____年____月____日。

保证人：　　　　　证件种类及号码：　　　　　　　（附复印件）

联系方式：　　　　　日期：

二 公司员工手册

××公司员工手册

第一章　总则

第一条　本公司为加盟连锁之房屋中介公司，为求管理制度之健全发展，以达高度运用人力，提高经营绩效，并谋求全体同人之发展及福利，依据体系并本公司之立业宗旨，经营理念、流通规范、CIS企业识别、人事作业等制定此作业规则，以为本公司管理之遵行。

第二条　凡本公司从业人员悉应遵守本规则之规定，本规则所称从业人员，系指本公

CIS简称CI，全称Corporate Identity System，译为企业识别系统，意译为"企业形象统一战略"。自20世纪50年代中美国IBM公司首开先河，采用这一差异化战略取胜市场开始，半个世纪以来CIS风靡世界，被欧美、日韩等国际企业所普遍采用，成为创立国际名牌的现代经营策略，国际行家们称为"赢的策略""长期开拓市场的利器"。

司正式录用之从业人员及试用期间新进实习从业人员。因业务需要而延聘之特约人员、顾问、委任经理人、定期合同人员，依合约另订之。

第三条 凡本公司同人之雇用、服务、值勤、请假、休假、出差、奖惩、迁调、组织、待遇、考绩、离职、保证、开除、抚恤、福利、退休、教育训练、安全卫生、流通作业、文宣运用等，除法令另有规定外，悉依本规则行之。

第四条 凡本公司从业人员为公司之发展，全体从业人员之福祉，应遵守下列各项守则。

1. 公私分明，相互尊重人格，诚恳相处，协力达成企业经营之目的。

2. 服从各级主管人员指挥。

3. 按公司规定，穿着标准制服。

4. 用心做好所分配到的环境清洁工作，利己利人。

5. 平日言行，应诚实廉洁，不得有放荡、奢侈、冶游、赌博、酗酒等足以损害公司名誉之行为。

6. 不得在外兼任有妨害公司业务或从事与本公司相同之业务。

7. 对各单位业务或技术上机密，均不得对外泄露。

8. 不任意翻阅不属自己管理之档、函电、设计图面、数据等。

9. 对于一切公物应加爱护，不得浪费。

10. 执行职责应力求切实，不得畏难、规避或无故迟延。

11. 上班时间不得于公司内吸烟、喝酒等，以维护公司形象。

12. 同人无论是否为值勤，接获上店或来电之任何营业活动均应据实填写于营运日报表中。

第二章 雇佣关系

第一条 本公司雇用从业人员经招募由应试主管慎重面试，并经相关人员评核通过呈阅主管决策者核实后，方得雇用。

第二条 凡试用人员有下列情形之一者，不予雇用。

1. 曾在本公司，因违反公司之规章制度而被解雇者，或未经核准而擅自离职者。

2. 因涉案经法院判决有期徒刑，确定不得易科罚金而尚未执行完毕，或正处于通缉中者。

3. 有吸食或施打违禁药品毒品者。

4. 品性顽劣经其他公司或民营机构解雇者。

5. 有必要时经本公司指定医师或特约医院施行体格检查认定不合格者。

6. 曾受公司惩戒免职处分，或离职未满一个月者。

第三条 本公司新进同人经任用，除特殊之必要经核准免予试用者外，应依个别条件先经试用三个月至六个月。经考核合格按其能力核薪方得正式雇用。试用期间经公司考核不合格者，公司不经预告径予解雇，受试用者不得提出异议。

1. 新进同人于到职三日内向店务秘书办理到职手续，并应备齐或填妥公司规定下列之资料经认可后始得正式任用。

（1）身份证或户口簿复印件。

（2）最高学历证明、经历证件、离职证明等影印各一份。

（3）最近正面两寸半身近照两张。

（4）人事资料卡。

（5）办理签订劳动合同手续。

2. 填报人事资料应诚实填写，不得有虚伪不实之填报骗公司。

3. 倘若为公司查获填报不实，公司得予随时解雇不受第二条规定之限制，受解雇者不得提出异议。

4. 新进人员工作未满一个月离职时，须赔偿至离职日前公司所提供之教育训练费用人民币5000元整，不予以核发应领薪资。

5. 已聘用人员工作未满三个月离职时，须赔偿至离职日前公司所提供之教育训练费用人民币20000元整。

第四条 试用之从业人员在试用期间，自认不适任职务或志趣不合者，得随时自请辞职；试用成绩不合要求者公司亦得随时通知停止试用。上列薪资发给以自请辞职或停止试用日为止。

第五条 新进人员经分派工作后应即赴所在之单位工作，不得借故推诿。

第六条 有下列情事之一者，公司得不经预告期终止雇佣关系。

1. 违反公司各项营运规章，其情节重大者。

2. 泄露公司机密致公司遭受损失者。

3. 受有期徒刑以上刑责宣告确定，而未谕知缓刑或未准易科罚金者。

4. 擅离职守贻误公务，其情节重大者。

5. 故意损耗公司之机器、设备、档案数据、计算机软件、家具，致本公司遭受损失或偷窃侵占公司或客户之财物，除应赔偿外，当事人依法究办。

6. 在职中，私下经营任何生意或兼差或投资类似公司相关业务者。

7. 非同公事，而以公司名义在外签账欠款者，及利用公司名义在外招摇撞骗，至公司名义受损者。

8. 冒用公司名义或逾越职权接办案件者，及未得允许，在外兼营与公司或类似业务。

9. 潜越职权，不服主管领导，致影响公司之团结与和谐者。

10. 不忠于公司，意图诱人离职经查属实者。

11. 私自接办买卖案件，私下收取客户红包费用、营私舞弊、伪造文书及侵占经手交易款项、拖欠公司债务逾期不还等除免职外，依侵占公司财务罪或诈欺罪论处，当事人依法究办。

12. 对上级主管、同事施暴行或重大侮辱者。

13. 伪造、变造、盗用公印信者。

14. 散播谣言、挑拨劳资双方感情者。

15. 私自将所开发案件经营图利个人，经发现属实者。

16. 擅自组织参加未经许可之集会活动者。

17. 伪造变造、模仿上级主管签字或用印信者。

18. 吸食鸦片或其他毒品者。

19. 擅离职守，致发生变故使公司蒙受损害。

20. 考绩连续两年列入丙等以下者。

21. 其他违反政府法令或劳动合同或本工作规定情节重大者。

第七条 有下列情形之一者，本公司得经预告后，终止雇佣关系。

1. 歇业或转让时。

2. 亏损或业务紧缩时。

3. 不可抗力暂停工作在一个月以上时。

4. 业务性质变更，有减少从业员之必要，又有适当工作可供安置。

5. 员工对于所担任之工作确不能胜任时。

6. 未依工作规则规定办理离职手续，致使公司蒙受损失事实具体者。

第八条 本公司依前条终止雇佣关系时，预告期间依列规定。

1. 继续工作三个月以上一年未满者，于十日前预告之。

2. 继续工作一年以上三年未满者，于二十日前预告之。

3. 继续工作三年以上者，于三十日前预告之。

第九条 本公司从业人员，自请离职者，应以书面申请核准，并依照规定办妥一切承办中案件、客源数据、工作器具等离职移交手续，方得离职。

第三章 工作时间、值班、加班、休息、休假、请假

第十条 出勤

1. 出勤规定如下：

本公司工作时间（上班时间：上午8:30—12:00；休息时间：中午12:00—13:30；上班时间：下午13:30—18:00—21:00）。

上班以卡钟打卡为凭，应打而未打者，除有正当理由经主管查证后补行打卡外，其不按规定打卡或故意毁损出勤卡者，均以旷职论处。

上班时间应着制服，由主管负责督促所属人员之服装仪容。

迟到或早退超过三十分钟（含），须依规定办理事（病）假，并提出证明，否则视为旷职论。

打卡次数及上下班之时间，视工作需要呈店长或店东核准，另行公布之。

事假需提前两日请示店长，不得随意请假。

如遇疾病或其他不得已之情事须离开公司者，应办请假手续，非经核准擅自离开者，以旷职论。

2. 上班时间须遵守下列规定：

严守纪律、忠勤职守，服从各级主管之督导管理，不得有违抗或敷衍塞责之行为。

工作时间不得在公司内扰乱秩序、妨害工作或有害公共卫生等情事。

公司内不得喝酒、赌博、辱骂、男女戏谑及其他不轨行为。

爱惜公物，不得随意破坏，如有故意违反者，应负赔偿之责。

不得假借公司名义，或利用职权，或业务上之联系营利。

未经准许不得兼职。

因工作上之需要调动职务或临时派遣工作，不得无故拒绝。

不滥用职权以行专制之行为。

小心火烛，公司内禁止吸烟；不得放置易燃物或爆炸物品，充电器用毕或下班时必须拔除。

对本公司机密均不得对外泄露。

不得任意使用公司计算机，从事游戏、色情、私人用途等及翻阅不属于自己掌理之档、函电、账簿、表册。

上班时间应着制服，男女一律穿着白衬衫及着绿色西服、男生要打公司领带，不得着暴露或奇异服装。

同人应将工作状况，营运内容器具书表，确实填写、统计交代清楚并输入计算机，以利统筹便于协助各级人员。

保持公司内外之整洁，不得在任何场所任意吐痰、乱抛弃果皮、纸屑等。

3. 凡下列人员一律不准上班，或上班后应命其离开公司：

酗酒或扰乱公司，或有害公共卫生。

罹患传染病者。

第十一条　休息、休假

弹性带薪休假是指，弹性安排带薪休假时间，鼓励根据个人意愿，将带薪年休假分段灵活安排，并与法定节假日相连接。

1. 每周休息两日为例假日，为配合工作业务需要，得由本司排定轮休之。

2. 星期六、日、三除特殊情况请假外，不得为每周休息之例假日。

3. 弹性休假与自办旅游及加长年假占用上班时间部分，得抵充为特别休假。

4. 除出国以外，不得连休三天以上；出国休假须于一个月前提出，并不得有三分之一以上人员同时休假。

第十二条　值班

1. 处理读报、剪报并张贴揭示当日对外之广告媒体及案件。

2. 检查并补充饮用水。

3. 负责来电接听、来客接待，本身无法承做时，由副值班或其他同人顺位接替承做外，值班人员掌握该日之营运资源。

4. 当日值班者为翌日当副值班，为副值班时不得休。

5. 主、副值班人员应确实上班至21：00。

6. 新人不得值班，开始值班时，由主管或学长陪同。

7. 值班人员按月由人事单位排定，并将值班轮值表公布于公布栏，须按时值勤，其因故不能承值者应事先互调之，不得借故推诿。

8. 负责清理倾倒当日垃圾。

9. 遇星期例假日时，除主值班外，副值班亦应全程参与值班，因应所有营业状况。

10. 接听电话规范用语：太平洋房屋，您好，敝姓×，很高兴为你服务。

11. 客户上店要注意服务态度"欢迎光临，有什么可为你服务"。

12. 客户归属权判定，依据出售委托书、带看确认书，由店长定夺。

13. 值班人员接待客户后应及时清理桌面、水杯等。

14. 正、副值班均有重要事情外出时，需向店长告知，由店长指定代值班人员，如代值班产生业绩时，归代值班之业绩。（如是正、副值班之客户，请为代理者，代理者业绩分配为40％）

也叫看房确认书。带看确认书的重要用途就是记录中介公司陪同客户踏看房屋的事实，包括踏看房屋的坐落、踏看的时间等，以表明中介公司向客户提供了房源信息。

第十三条 请假

1. 事假：最小单位为半小时，事假期间不给薪资。

2. 病假：超过30天，薪资不予发给。

病假工资的给予标准：

工龄不满两年	得60%
两年（含）至四年	得70%
四年（含）至六年	得80%
六年（含）至八年	得90%
八年（含）以上	得100%

3. 婚假：本人结婚给予婚假三天，达到晚婚年龄（女23周岁、男周25岁），享受婚假十天，含法定节假及双休日，薪资照给。

4. 产假：第一，女性员工，妊娠七个月以上（含七个月）无论死产或活产，正常生育年龄给予产假90天，晚育年龄给予产假120天，含法定节假及双休日；妊娠3个月以上流产者给予45天产假含法定节假及双休日；妊娠3个月以下流产者，给产假30天含法定节假及双休日。

第二，女工哺乳期给上下午各半小时的哺乳时间，可一天合并使用。

第三，男性员工如遇配偶生产［配偶需妊娠七个月以上（含七个月）无论死产或活产］的，可享受晚育护理假三天。

5. 已育女性流产假：为配合计划生育，已育女性第一次请流产假，可给予14天休假，休假期间，薪资照发；第二次以上（含第二次）请流产假，给予14天休假，休假期间工资按病假工资发给之。

根据1988年9月1日劳险字[1988]2号即《劳动部关于女职工生育待遇若干问题的通知》中，女职工怀孕不满四个月流产时，应当根据医务部门的意见，给予15天～20天的产假，怀孕满四个月以上流产时，给予42天产假，产假期间，工资照发。具体规定可咨询各地社劳部门。

6. 丧假：父母、养父母、继父母、配偶等直系亲属丧亡者，给予丧假3日；旁系亲属丧亡者，给予丧假一天，薪资照给。

7. 工伤假：人员因出勤或执行职务且未违反各项法令规定而致伤，其补偿按政府规定执行。

8. 婚假、产假、陪产假、丧假等均要提供有效证明方可休假，并一次性休完，不得分次休假。

第四章　作业管理办法

第十四条　业务人员须将签回个案报备主管，并将草拟数据经主管审核签名后，将完整数据于2天内交至店务秘书KEY-IN至管理系统，3天内完成上架正式销售手续，方得对外曝光及广告。

第十五条　业务人员每天必须填写各种报表，并输入计算机管理系统，当日下班交至店长处（开发日报表、销售报表、日报表等）。

第十六条　业务人员签订委托书上之委托人，须于所有权状上登记人相符。所填写委托书上，必须各项记载详细属实，不可有不实或漏列等情事发生。

第十七条　业务人员至少每隔一日须与客户报告其委托房屋之销售状况。

第十八条　业务人员每日作业秉持开发、议价、销售三大重点，与客户至少完成十组接触、五组有效之开发行程拜访、六组议价、二组带看为标准作业安排。

第十九条　未经著作权人同意，不得使用他人著作（含语文、音乐、美术、摄影、图形等著作）于本公司所制作之广告文宣品。

第二十条　基于整体市容之维护，在主管机关指定清除区域内，不得任意张贴广告、广告牌或喷漆污染定者物。

第二十一条　公司得约束营业人员使用公司商标之权利及义务。

第二十二条　营业人员若要自制文宣品，须经店长之同意方可制作。

第二十三条　营业人员之买卖方案源，过久疏于联系时，经店长确认不予联系后，资料列出为公用，公布后公司同人皆可配对或开发。

第二十四条　对象到期前，承办人应至少提前15日进行续约动作；为因应市场之竞争，到期后采开放开发，承办人若未能续约成功，是否主动与同人合签或pass，以获得剩余资源。

第二十五条　接获寻人电话应马上知会同人，避免错失良机。

第二十六条　同人间任何资源，不得恶意踩线，或抢夺资源，经查证该业绩归还原承办人；若客户来电未指名，后经发现为同人客户应尽快向同人说明，避免产生误会。

第二十七条　现场除张贴户外POP外，可放置个片广告，但不得张贴个人行动电话大字报。

第二十八条　流通比照流通规则办理，公司内部为避免纠纷，采单一要约制，即收足成交价1%要约金，未收足成交价1%要约者保障期限为2日（例：6月1日14：00—6月2日24：00为2日，并非足48小时）。若同组客户单一要约，超过3日时，另一要约产生而前单要约已超过保障期3日，则以另一要约递补之。

第二十九条　公司有特别规定不予流通外，可与其他品牌流通，若有特例，公司另会宣布。

第三十条　行动电话、长途电话均应长话短说，或使用有线电话，同人间除非必要，否则回公司见面详谈；经发现贪图方便公器私用，或与同人聊天，形成浪费，违者提供个人行动电话供公用一天。

第三十一条　不参加团体活动者，均应留守值班。

第三十二条　上卫生间时，不得看书报及吸烟。

第三十三条　对象到期无法续约时，应主动归还KEY，以免造成客诉，归还KEY时，应向店务秘书登记归档，避免漏失。

第三十四条　公物抵用后应妥善归回原处，以免影响他人使用。

第三十五条　充分利用每一次行动，带看时准备海报、生活情报、个人DM等赠品赠予买方，并顺道可从事市调、开发、M30等工作。

第三十六条　应落实责任商圈精耕，于周会时提出商圈报告。

第三十七条　带看时取走KEY及售物数据，KEY箱空位上需挂上本身名牌，并于钥匙

商圈精耕近年在销售行业尤其房地产中介行业被广泛重视，其意义便是在现有的商业资源范围内，深入挖掘资源信息，发现更多潜在需求或者制造新的需求，吸引销售目标，实现销售增长。

簿签名，以利知晓何人取走，避免遗失。

第三十八条　任何折佣或支出，未经公司许可，由承办人员自行吸收。

第五章　教育训练

第三十九条　本公司人员须参加定期举办新进人员职前训练及各级人员在职训练，课程以心理建设与专业知识为主实务作业为辅；讲师由总部专业人员、资深店东、店长、经纪人及外聘讲师担任。

第四十条　各项教育训练由讲师或承办单位考核参加人员之迟到、早退、旷课，并将出勤状况告知店东或店长。

第四十一条　公司视实际需要，得聘外来专家担任讲师，或指派各有关人员参加外面举办之有关业务讲习。

第四十二条　各种教育训练或讲习之测验成绩、书面心得报告或店内会议中之心得分享成果作为该员考核数据之一。

第四十三条　被指定或自愿参加外部训练之教训费用，得由公司视状况补助或参加人员负担。

第六章　薪奖

第四十四条　本公司从业人员之薪奖按其所任职务项目等制定所按标准如下列：

1. 新进试用普通专员（限无经验者）：

第一，全薪1500元（本薪1400元+全勤100元）。

第二，责任目标

季考核	第一月	第二月	第三月	合计
开发	10件	15件	15件	40件
业绩	0万元	1万元	1.5万元	2.5万元

第三，开发件数未达成责任目标时，每件保留50元。每月设定之目标达成并超出之件数，每件50元。

第四，业绩奖金为个人业绩乘以15%。

第五，试用期为3～6个月。

第六，本阶段采季考核，于第三月时整体考核。

季佣收	3万~6万元(含)	6万~10万元(含)	10万~15万元(含)	15万元以上
加发奖金	300元	500元	1000元	1500元

2. 经纪人业绩奖金办法：

（1）全薪2000元（本薪1800元+全勤200元）。

业绩奖金计算表：

业绩（实收佣金）	奖金比例
0~1.5万元	15%
5万元以上	17%

例：单月成交业绩佣金收入为2万元，则业绩奖金计算如下：

$$2万元×15\%＝3000元$$

单月成交业绩一佣金收入为7万元，则业绩奖金计算如下：

$$5万元×15\%+2万元×17\%＝10900元$$

季佣收	4万~6万元(含)	6万~10万元(含)	10万~15万元(含)	15万元以上
加发金	300元	500元	1000元	1500元

（2）主任资格及业绩奖金考核办法：

全薪2500元（本薪2300元+全勤200元）。

业绩奖金计算表：

业绩（实收佣金）	奖金比例
0~1.5万元	15%
5万元以上	17%

例：单月成交业绩佣金收入为2万元，则业绩奖金计算如下：

$$2万元×15\%＝3000元$$

单月成交业绩佣金收入为7万元，则业绩奖金计算如下：

$$5万元×15\%+2万元×17\%＝10900元$$

季佣收	4万~6万元(含)	6万~10万元(含)	10万~15万元(含)	15万元以上
加发金	300元	500元	1000元	1500元

（3）副店长业绩奖金考核办法：

全薪3000元（本薪2800元+全勤200元）。

业绩奖金计算表：

业绩（实收佣金）	奖金比例
0~1.5万元	15%
5万元以上	17%

例：单月成交业绩佣金收入为2万元，则业绩奖金计算如下：

$$2万元×15\%＝3000元$$

单月成交业绩一佣金收入为7万元，则业绩奖金计算如下：

$$5万元×15\%+2万元×17\%＝10900元$$

季佣收	4万~6万元(含)	6万~10万元(含)	10万~15万元(含)	15万元以上
加发金	300元	500元	1000元	1500元

（4）高级专员。

第一，无底薪。

第二，单月业绩奖金为25%。

（5）店长。

第一，底薪3500元，奖金为全店业绩3%。

第二，红利盈余10%，半年考核结算。

第三，店长须视全店作业需要，待人员下班后，始得下班。

注：

1. 半年考核，绩效不佳者，公司视情况更换之。

2. 折佣成交须事前报备核准，未于事前完成报备者，奖金以八折计算。

为了开拓客户而进行的一种营销手法，折佣的表现形式有送东西，也有送服务，更进一步的，就是私下的返佣。

3. 半年度平均月佣收未达3万元，不予任用。

第四十五条　全勤之奖励

1. 全勤之奖励以月考核为依据，应上班之日均依规定上班者，得适用之。

2. 有关请假方面之核给规定：

第一，该月内请事假满一日（8小时）以上者，该月之全勤奖金不得颁给。

第二，该月内请事假未满一日者，该月之全勤奖金得颁给半数以资鼓励。

第三，该月内请病假而提具规定之证明文件者，每满二日则减半颁给。请一日以减发该当月全勤奖金之四分之一为原则，依此类推。女性同人一日内不予减发。

第四，申请病假而未具规定之证明者，依请事假之规定办理。

第五，逾越上列各项规定，不予颁给全勤奖励。

第七章　奖惩

第四十六条　本公司从业人员因故必须请假者，应事先填写请假单，办妥请假单，完成请假手续，如遇疾病或临时重大事故，得于一日内委托同事、家属、亲友，或以电话报告主管代为办理。

第四十七条　本公司从业人员之奖励区分为下列四种：

1. 嘉奖。

2. 记功。

3. 大功。

4. 晋级。

第四十八条　有下列事迹之一者，得予嘉奖。

1. 担任指派之重要任务，能如期完成并超过预定目标者。

2. 有利于公司或公众利益之行为，而有事实为证者。

3. 对本职工作能胜任外，亦能经常协助同人如期完成紧急任务且具成效者。

4. 遇非常事故能机灵应变，措施得当，使公司减免损失。

5. 研发策略，对公司确有贡献者。

6. 其他应行奖励事项者。

第四十九条　有下列事迹之一者，得予记功以奖励之。

1. 对于专业技术或管理制度建议改进，经采纳施行，卓有成效者。

2. 搏节各项器具用品，或对利用者有成效者。

3. 遇有灾变，勇于负责，措置得宜者。

4. 有其他重大功绩者。

5. 在外接洽公务或行为受到明文表扬，增加公司声誉有事实证明者。

6. 对于部属能尽力教育及训练并有特殊成效者。

第五十条　有下列事迹之一者，得予记大功以奖励之。

1. 遇有意外事件或灾变，奋不顾身，不避危难，因而减少损害者。

2. 维护同人安全，冒险执行任务，确有功绩者。

3. 维护公司重大利益，避免重大损失者。

第五十一条　有下列事迹之一者，得予晋级。

1. 研究发明，对公司确有贡献者。

2. 服务满十年者，考绩良好，未曾旷职或记过以上处分者。

3. 曾记大功三次者。

4. 对于业务有特殊贡献，足为全公司表率者。

第五十二条　本公司从业人员之惩罚区分为下列五种。

1. 罚款。

2. 申诫。

3. 记过。

4. 记大过、降级。

5. 免职。

第五十三条　有下列情事之一者，得予以扣款。

1. 每月迟到累计超过30分钟，每逾一分，扣款5元捐至公司福利金。

2. 上班进入公司即着标准制服，未着装者比照迟到扣款方式办理。

3. 旷职一次，每次扣款100元捐至公司福利金。

4. 遗漏登记或遗失公司任何合约书，予以罚款工本费100元整。

5. 承办公司各项合约书或订金收据领取人员，若因职务疏失未经切结确认或遗失时，每份罚款200元整。

6. 第三、第四项除罚款外，并承担可能产生之法律责任与损失。

7. 违反作业管理办法第二十条、第四十三条者每次罚款100元，捐至公司福利金，唯举发者可得奖金50元，亦由公司福利金支出。本罚则遇特殊案例经许可后，不在此限。

第五十四条　有下列情事之一经查证确实者，得予申诫。

1. 违反公司各项规章及命令者。

2. 承办公司各项合约书或订金收据领取人员，若因疏失未经切结确认或遗失达三份者。

3. 隐蔽他人或所属人员之不当行为、渎职、失职等情事者。

4. 遇有非常事故时，不立即反应或处置，致公司遭受损失者。

5. 利用职务上之便利，收受外界馈赠者。

6. 上班时间未经请假，擅离工作岗位者。

7. 不听从主管人员指挥者。

8. 积压公事，致延误公司业务者。

9. 其他情节较轻微之过失，须予惩戒者。

第五十五条　有下列情事之一，经查证确实或有具体事证者，得予记过。

1. 对上级指示或有期限之命令，未申报正当理由而未如期完成或处理不当。

2. 因疏忽致设备或物品材料遭受损害或伤及他人者。

3. 在工作场所喧哗吵闹妨害他人工作者。

4. 在禁止吸烟场所吸烟者。

5. 投机取巧隐瞒蒙蔽、谋取非分利益者。

6. 对同人恶意攻讦，或诬造、伪证而制造事端者。

7. 在工作时间内擅离工作岗位躺卧睡觉者。

8. 在非午休时间于办公室睡觉者。

第五十六条　有下列情事之一经查证确实或具体事证者，得予记大过或降级惩戒之。

1. 擅离职守，致生变故，使公司蒙受重大损害者。

2. 将所领取之各项合约书遗失或漏列登记累计达三份者。

3. 泄露公司或事务上机密者。

4. 携带违禁物品进入公司不听制止者。

5. 遗失经营之重要文件、对象或器具者。

6. 撕毁公文或公共文件者。

7. 擅自变更作业方法，致使公司蒙受重大损失者。

8. 拒绝听从主管人员合理指挥监督，经劝导仍不听从者。

9. 违犯安全规定措施，致公司蒙受重大损失者。

10. 造谣言事，散播谣言致公司蒙受重大不利者。

11. 一年内无故旷职满二十日以上者。

第五十七条 有下列情事之一经查证属实或有具体事证者，予以解雇。

1. 于填写人事资料应备齐文件时，为虚伪意思表示使公司误信而有受损害之虞者。

2. 未经请假，连续旷职三日或任何一个月内合计旷职达六日者。

3. 于考绩年度内，经记大过三次处分者。

4. 对公司负责人、负责人家属、各级业务主管或其他同人，进行恐吓强暴胁迫或重大侮辱者。

5. 触犯刑法，经判处拘役，或有期徒刑以上刑罚宣告确定或缓刑者。

6. 窃盗或侵占本公司及他人财物，有具体事证者。

7. 泄露本公司营运机密或破坏安全措施者。

8. 散播不利于公司之谣言、挑拨、劳资双方感情、煽动怠工或罢工者。

9. 故意毁损公司器具、书籍、商品或其他公物，或故意泄露公司营业上之秘密，致公司蒙受重大损害。

10. 行为妨害本公司之正常营运及严重损害本公司名誉利益者。

11. 违抗命令，拒绝所派赴工作或煽动他人做同样行动者。

12. 利用本公司名义，对他人行诈欺之行为者。

13. 擅自组织参加未经许可之集会活动者。

14. 伪造、变造、模仿上级主管签字或盗用印信者。

15. 吸食鸦片或其他毒品者。

16. 擅离职守，致生变故，使公司蒙受损害。

17. 其他违反政府法令或本工作规则规定情节重大者。

第五十八条 功过抵消规定如下。

1. 嘉奖与申诫抵消。

2. 记功一次或嘉奖三次，得抵消记过一次或申戒三次。

3. 记大过一次或记功三次，得抵消大过一次或记过三次。

第八章　考核

第五十九条　每年考核之期间为每年度之一月至十二月，填注考核表之时间由管理部制定之。

第六十条　新进人员应自试用日起超过两个月，始得参加平时考核，自试用日起超过六个月，始得参加年终考核。

第九章　福利

第六十一条　公司为安定人员生活、增加工作效率，办理下列各项福利措施，并设公司福利金，办理一切人员福利事业。

1. 提列年度业绩1%为年终奖金。

2. 人员依法应加入保险，公司依法令规定补助保险费。

3. 人员正式到职日起由公司办理加入保险。

4. 对于人员生育、伤病、残废、老年死亡等给付，依保险修例及施行细则规定执行。

5. 定期举行业绩竞赛动员集会、餐聚活动。

6. 于年度中适时举办各项旅游活动。

7. 其他各项津贴，依规则发放之。

第十章　升迁

第六十二条　业务职称：以累计佣收达成级距升迁。

经纪人员：新人经正式录用后试用期为三个月，经店长提出经理同意。

主任：在本公司从事业务工作一年半以上，连续三个月每月业绩3万元以上或三个月内业绩总额达13.5万元以上，对公司忠诚度、配合度、领导能力、客户满意度佳，并且单月业绩无挂零者，经店长提出经理同意。

副店长：担任主任级以上干部半年以上，连续三个月每月业绩4万元以上，或三个月业绩总额达18万元以上，对公司忠诚度、配合度、领导能力、客户满意度佳，并且单月业绩无挂零者，经店长提出经理同意。

项目经理：担任主任级以上干部半年以上，连续三个月每月业绩5万元以上，或三个月业绩总额达20万元以上，对公司忠诚度、配合度、领导能力、客户满意度佳，并且单月业绩无挂零者，经店长提出经理同意。

第十一章 解职

第六十三条 各级人员解职分为当然解职、辞职、留职停薪、自动离职、免职等。

第六十四条 人员离职，其手续必须提前一个月以辞呈向直属单位主管提出，向主管索取离职申请书，按表列规定填妥，并经单位主管签后，呈总经理核准。

第六十五条

1. 解职

（1）各级人员凡因身故、身体残障或心神丧失，无法胜任职务者，视为当然解职。

（2）当然解职人员，得由其直属主管、店长呈公司核发慰问金。

2. 辞职：凡人员因病痛、因事或其他原因自请辞去职务者，视为辞职人员，需遵守之事项如下：

（1）人员辞职须于离职前30天报备，呈公司核准之，并俟接替人员到职，办理离职手续交换始可离职。但公司可依实际需要，马上解除职位，或请求延长任职时间（不得超过30天），人员应全力配合之。

（2）辞职提出报备后，离职前仍应本善良习惯，遵守公司章程，恪守职责完成肩负目标，主动避免不愉快事件发生，以求圆满之结束，若蓄意捣乱或散布不实之言论而致公司受损者，公司得请求损害赔偿或依法追诉。

3. 留职停薪：凡人员有下列情事之一者，得予留职停薪：

（1）因案犯法律之罪嫌被拘押逾十天或本公司认为案情重大者。

（2）各级人员请病假未住院者，全年合计得超过三十日，经以事假或特别休假抵充后仍未痊愈者。

（3）因特殊事故须留职停薪，经申请核准者。

4. 自动离职：人员留职停薪原因消灭后，应于3日内以书面或口头向直属主管申请复职，逾期视同自动离职，留职停薪之人员于前项内自动回到原职位者，视为申请复职。

离职程序，全员适用。

第六十六条 离职人员所列移交清单，应由直属主管详加审核，若有不符合之处，则应立即申请更正；如离职人员于正式离职后，再发现财务、文件资料或对外公司应收款项有亏欠未清者，应由该单位主管负责追索之。

第六十七条　离职人员于离职手续办妥后，始得发给离职证明书。

第十二章　保证

第六十八条

1. 新进人员应于报到七日内办妥保证手续，保证手续及保证人责任，均由保证书及保证规约规定之，保证人对保证书所载之各项条款应负全责。

2. 人员之配偶、直系亲属，或同居共同财产之亲属及任职本公司之人员不得为保证人。保证人原则定为人保，保证人应填具本公司制定之保证书一份，并签名盖章，经审查对保合格后，存于本公司人事单位，并每年办理对保一次，且必要时得随时再对保。保证人在保证书上盖用之印鉴，如有遗失、作废或更换时，应以书面通知公司更盖新印鉴章，在更盖手续未办妥以前，原印鉴仍为有效。保证人之职业、住址变更时，被保人应立即通知公司人事主管单位办理变更登记。

3. 被保人之职务，或其服务地点如有升迁或更调，其保证人所负之一切责任不因升迁更调而有所变更，亦不得因而有所借口或推诿。被保人如有舞弊、亏短公款或致使公司蒙受损失时，当事人刑事部分依法送司法机关办理外，并应负赔偿责任，如被保人不敷赔偿时，其不足之数应由保证人负责赔偿，且按照公司所开赔偿款项数目立即偿付，并放弃先诉抗辩权。

4. 保证人如因故死亡、犯案、被宣告破产或欲中途退保时，应以书面直接通知，或如公司于对保时认为保证人不适当，被保人须即变换保证人并更换新保证书，原保证人之退保须俟新保证手续办妥后六个月始得退保生效，在未解除保证责任，无论任何宣言或登报退保声明，均不发生效力。

第六十九条　本公司工作规则，如有未尽事宜，一概由部门主管报请总经理核定公布之。

第七十条　本办法经董事会核准后施行，工作规则授权总经理每半年或依需要得以修改。

专业点评

员工手册是劳动合同的有力补充，每家公司都应有明确的员工手册，员工手册中可规定公司对员工工作的要求以及对员工不符合公司要求行为的认定标准，对员工失职等行为做了很好的防范。建议在员工入职时即要求员工阅读，并签字认可。

独立经纪人合作协议

独立经纪人合作协议

甲方：

地址：＿＿＿＿＿＿＿＿＿＿　邮码：＿＿＿＿＿＿＿＿＿　电话：＿＿＿＿＿＿＿＿

法定代表人：＿＿＿＿＿＿＿　职务：＿＿＿＿＿＿＿＿

乙方：

地 址：＿＿＿＿＿＿＿＿＿＿　邮码：＿＿＿＿＿＿＿＿＿　电话：＿＿＿＿＿＿＿＿

证件号码：＿＿＿＿＿＿＿＿＿＿＿＿＿＿＿＿＿＿

鉴于：

1. 甲方系＿＿＿＿＿＿＿＿＿（以下简称＿＿店）拥有合法经营权的。

2. 乙方系具有丰富房地产经纪经验的个人，且符合公司的有关要求及资格。

为有效整合双方资源优势，现双方经友好协商，就乙方合作经营甲方＿＿＿＿＿店部分区域办公。事宜达成如下：

第一章　总则

第一条　乙方合作经营期间，须按甲方要求有序经营。

第二条　合作经营期间，乙方必须从事房地产经纪业务，未经甲方同意不得从事其他业务。

第二章　合作的期限、形式

第三条　乙方合作甲方介绍的＿＿＿＿店部分区域办公的期限为＿＿年，从＿＿年＿＿月＿＿日起至＿＿年＿＿月＿＿日止。

第四条　合作经营的形式为：按月计算利润分成的合作经营责任制。

具体为：每月至月底前的运营收入扣除相应的税费后（于每月结束后的第二个月的15号结算分配。）由甲、乙方按各50%的比例进行分配。合作期间所有的税费标准比照甲方作为独立实体需要支付的标准。

第三章 合作方的权利与义务

第五条 合作经营期间，乙方有权依据本合同规定，取得其应得的合法合作收入，但乙方需缴纳应付的合理税收。

第六条 合作经营期间，_____店的运营成本（包括但不限于店面租金，水电通信费用，签约服务费，契据使用费，品牌使用月费，办公用品支出，设施设备维修费用等）均由甲方承担，乙方承担其合作部分的人员薪奖，社保费用及相应税费。

第七条 合作经营期间，乙方必须依照国家有关规定，按期缴纳的各种税费，有关费用缴纳由甲方代扣代缴。

第八条 由于乙方合作了部分甲方的门店，充分利用了甲方所有的信息、资源。乙方保证在合作期间不得泄露相关甲方的营运资源（包括但不限于本合作协议）

第九条 在合作期间，应保证甲方提供的办公设施设备完好，若有损坏应及时修理，并遵守甲方人事制度管理的日常人事事宜。

第十条 乙方保证不得以甲方_____店名义对外作任何形式的担保，否则均由乙方承担相应的法律责任。

第十一条 乙方合作期间所有以甲方_____店名义收取的意向金、佣金、定金等款项应及时上交甲方财务部门，所有的成交案件的合同，应由甲方法务/甲方委托人员负责签署并协同办理贷款等后续交易手续。租赁案件亦同，如乙方以任何方式挪用客户意向金、佣金、定金等款项，则甲方有权向乙方追偿，且因此产生的其他任何损失皆由乙方承担。

第十二条 合作方必须全面履行本合同中应由合作方履行的全部条款。

第四章 甲方的权利与义务

第十三条 甲方的权利如下：

1. 对乙方有财务审计权、业务监督权和服务质量检查权。

2. 有权决定乙方合作部分的人员调整。

3. 按国家法律法规和本合同规定维护员工的合法权益。

4. 合作经营期间，运营_____店的所有营运成本（包括但不限于店面租金、水电通信费用、签约服务费、契据使用费、品牌使用月费、办公用品支出、设施设备维修费用等）均由甲方承担。乙方承担其合作部分的人员薪资、社保费用及相应税费。

第十四条 甲方的义务如下：

1. 按本合同规定保障合作方的合法权益。

2. 全面履行本合同中应由甲方履行的全部条款。

第五章 合同的变更、解除或终止

第十五条 合作经营期间，若乙方经营不善导致不赢利的，甲方可提前解除合作协议。

第十六条 乙方如出现重大失误等问题给 甲方 造成重大损失而未能及时承担的，或发生违规/违法事件导致媒体、消协工商房地部门投诉的，甲方有权直接解除合同，不负违约责任，并保留向乙方要求赔偿损失的权利。

第十七条 由于不可抗力的原因使本合同无法完全履行或无法履行时，经甲乙双方协商一致，可以变更或解除本合同。

第十八条 本合同规定的合作期满，甲乙双方的权利、义务履行完毕后，本合同自行终止。

第六章 违约责任

第十九条 乙方如未完成本合同规定的义务，若乙方未能更正，则甲方有权立即解除本合同。

第二十条 甲方如未完成本合同规定的义务，则乙方有权要求乙方更正，若甲方未能更正，则乙方有权立即解除本合同。

第七章 附则

第二十一条 甲乙双方同意财务管理制度、人事管理制度等均依照甲方的相关规定执行。

第二十二条 经营质量要求：乙方承诺必须比照甲方经营规定完成以上经营标准。即①乙方必须按时完成每月跟盘量____条；②每月取得租售房源钥匙____把；③每周登录新增租售房源信息____条；④每周登录新增租售客源____条；⑤每周登录新增备案房源信息____条。

第二十三条 本合同期满后，乙方在同等条件下有优先再合作的权利。

第二十四条 双方同意，乙方不再与甲方合作之后仍对其在与甲方合作期间接触、知悉的属于甲方或者虽属于第三方但甲方承诺有保密义务的商业秘密信息和其他技术秘密，承担如同合作期间一样的保密义务和不擅自使用有关秘密信息的义务，而无论乙方因何种原因不再合作。

第二十五条 乙方认可甲方在支付乙方的合作报酬时，已考虑了乙方不再合作后需要承担的保密义务，故而无须在乙方不再合作时另外支付保密费。

第二十六条 双方确认的其他书面文件，均为本合同附件，上述文件材料如与本合同正文有矛盾之处，以本合同正文为准。

第二十七条 本合同由甲乙双方签字盖章后生效。

第二十八条 本合同正本____份，双方各执一份。

甲方：_____

代表人：_____（签字盖章） ____年____月____日

乙方：_____（签字盖章） ____年____月____日

　　独立经纪人是随着房地产市场的发展以及优秀从业人员个人发展之需要而产生的，在欧美等发达国家，独立经纪人盛行，在房地产交易中起到重要的作用。在我国独立经纪人制度刚刚开始，还很不规范，所谓的独立经纪人合同更多是房地产经纪公司为了防范风险，避免和独立经纪人产生劳动关系，承担劳动责任而使用。

四 保密协议书①

保密协议书

甲方：上海××房地产经纪有限公司

乙方：

鉴于乙方与甲方合作，并将获得甲方支付的相应合作报酬，双方当事人就乙方在合作期间及离职以后保守甲方商业秘密的有关事项，制定下列条款共同遵守：

第一条　乙方在甲方合作期间，必须遵守甲方规定的任何成文或不成文的保密规章、制度，履行与其工作岗位相应的保密职责。

甲方的保密规章、制度没有规定或规定不明确之处，乙方亦应本着谨慎、诚实的态度，采取任何必要、合理的措施，维护其于合作期间知悉或者持有的任何属于甲方或者虽属于第三方但甲方承诺有保密义务的商业秘密信息或其他技术秘密，以保持其机密性。

第二条　除了履行职务的需要之外，乙方承诺，未经甲方同意，不得以泄露、告知、公布、发布、出版、传授、转让或者其他任何方式使任何第三方（包括按照保密制度的规定不得知悉该项秘密的甲方其他职员）知悉属于甲方或者虽属于他人但甲方承诺有保密义务的商业秘密信息或其他技术秘密，也不得在履行职务之外使用这些秘密信息。

第三条　双方同意，乙方不再与甲方合作之后仍对其在与甲方合作期间接触、知悉的属于甲方或者虽属于第三方但甲方承诺有保密义务的商业秘密信息和其他技术秘密，承担如同合作期间一样的保密义务和不擅自使用有关秘密信息的义务，而无论乙方因何种原因不再合作。

乙方不再合作后承担保密义务的期限为下列第　1　种（未作出选择的，视为无限期保密）：

1. 无限期保密，直至甲方宣布解密或者秘密信息实际上已经公开；

2. 有限期保密，保密期限自离职之日起满＿＿＿年止。

甲方同意就乙方离职后承担保密义务，向其支付保密费。乙方认可甲方在支付乙方的

---

① 适用于独立经纪人使用的版本。

合作报酬时，已考虑了乙方离职后需要承担的保密义务，故而无须在乙方离职时另外支付保密费。

第四条　乙方承诺，在与甲方合作履行工作时，不得擅自使用任何属于他人的技术秘密或其他商业秘密信息，不得擅自实施可能侵犯他人权利的行为。

若乙方违反上述承诺而导致甲方遭受第三方的侵权指控时，乙方应当承担甲方为应诉而支付的一切费用；甲方因此而承担侵权赔偿责任的，有权向乙方追偿。上述应诉费用和侵权赔偿可以从乙方的合作报酬中扣除。

第五条　乙方在合作期间履行工作时，按照甲方的明确要求或者为了完成甲方明确交付的具体工作任务必然导致侵犯他人权利的，若甲方遭受第三方的侵权指控，应诉费用和侵权赔偿不得由乙方承担或部分承担。

乙方的上级主管人员提出的要求或交付的工作任务，视为甲方提出的要求或交付的工作任务，除非甲方已事先公开明确该主管人员无此权限。

第六条　乙方因合作期间工作上的需要所持有或保管的一切记录着甲方秘密信息的文件、资料、图表、笔记、报告、信件、传真、磁盘以及其他任何形式的载体，均归甲方所有，而无论这些秘密信息有无商业上的价值。

若记录着秘密信息的载体是由乙方自备的，则视为乙方已同意将这些载体物的所有权转让给甲方。甲方应当在乙方返还这些载体时，给予乙方相当于载体本身价值的经济补偿。

第七条　乙方应当于不在合作时，或者于甲方提出请求时，返还全部属于甲方的财物，包括记载着甲方秘密信息的一切载体。

但当记录着秘密信息的载体是由乙方自备的，且秘密信息可以从载体上消除或复制出来时，可以由甲方将秘密信息复制到甲方享有所有权的其他载体上，并把原载体上的秘密信息消除。此种情况乙方无须将载体返还，甲方也无须给予乙方经济补偿。

第八条　本协议提及的商业秘密，包括但不限于：客户名单、交易记录、行销计划、公司政策、财务资料，附件一相关内容，等等。

本协议提及的技术秘密，包括但不限于：技术方案、操作流程、计算机软件、相关的函电、数据库、研究开发记录、技术报告、调研报告、操作手册、技术文件、附件一相关内容，等等。

第九条　本协议中所称的合作期间，以乙方领取合作报酬为标志，并以该项合作报酬所代表的工作期间为合作期间。合作期间包括乙方在正常工作时间以外加班的时间，而无论加班场所是否在甲方正常工作的场所内。

本协议中所称的不再合作，以任何一方明确表示解除合作关系的时间为准。乙方拒绝领取合作报酬且停止履行工作的行为，视为提出不再合作。甲方无正当理由拒绝发给乙方全部或部分合作报酬的行为，视为不再合作。

第十条　因本协议而引起的纠纷，如果协商解决不成，任何一方均有权提起诉讼。双方同意选择甲方住所地的、符合级别管辖规定的人民法院作为双方合同纠纷的第一审管辖法院。

第十一条　乙方如违反本协议任一条款，应当按照《合作书》向甲方支付违约金；无论违约金给付与否，甲方均有权不经预告立即不再与乙方合作。

乙方的违约行为给甲方造成损失的，乙方应当赔偿甲方的损失。违约金不能代替赔偿损失，但可以从损失额中抵扣。

第十二条　本协议自双方签字或盖章完成之日起生效。

第十三条　本协议如与双方以前的口头或书面协议有抵触，以本协议为准。本协议的修改必须采用双方同意的书面形式。

第十四条　双方确认，在签署本协议前已仔细审阅过协议的内容，并完全了解协议各条款的法律含义。

立合约人签字、盖章：

甲方：上海××房地产经纪有限公司　　　乙方：

单位代表人：

日期：　　　　　　　　　　　　　　日期：

附件：

承　诺　书

本人作为上海××房地产经纪有限公司的员工，知晓遵守公司的商业秘密以及关于竞业限制规定是每位员工应尽的义务。

首先，本人明确知晓下列内容为公司的商业秘密：

1. 公司的各类契据和文件。

2. 本人在工作中所调查或取得的商圈信息、市场分析资料、成交客户名单、委托客户资料及正在进行中的业务交易资料等。

3. 公司的经营管理文件、专业培训资料等。

4. 公司今后增加的其他认为属于商业秘密的任何文件或资料。

本人承诺按照保密协议的要求遵守保密义务，包括但不限于：

①不单独发表涉及商业秘密有关文章；

②不将自己所掌握的商业秘密许可他人或其他房产单位使用；

③不利用公司的商业秘密从事相关的技术咨询和中介服务；

④不利用公司的商业秘密，在公司竞争的同类行业中担任培训员、咨询员和顾问；

⑤不将保密范围内的资料擅自复印，未经许可带出公司；

⑥不违反《合作书》及《保密协议》规定的其他义务。

若本人违反此承诺，本人愿意按约定向公司支付违约金并赔偿损失。

承诺人：   日期：

五　借证协议

借证协议

甲方：

乙方：

甲乙双方根据《劳动法》的规定，在自主平等、协商一致的基础上，签订如下劳动合同：

一、劳动期限

1. 试用期：____年____月____日至____年____月____日止。

2. 聘用期：____年____月____日至____年____月____日止。

二、工作内容

1. 甲方聘用乙方从事<u>房地产经纪人</u>。

2. 乙方应当按照岗位职责的要求，完成工作任务。

3. 甲方可以根据工作需要及乙方工作能力，调整乙方工作岗位。

三、劳支保护和劳动条件

1. 乙方实行<mark>不定时工作制</mark>。

不定时工作制是相对标准工时工作制而言的一种特殊的工时制度。它是指因工作性质、特点或工作职责的限制，无法按标准工作时间衡量或是需要机动作业的职工所采用的，劳动者每一工作日没有固定的上下班时间限制的工作时间制度。

2. 甲方根据国家有关劳动保护、卫生健康的规定，为乙方提供必要的工作条件和劳动保护设施，保障乙方的安全和健康。

四、劳动报酬

1. 试用和聘用期的薪资一样，为每月____元人民币。

2. 甲方发薪日为每月5日。

五、劳动纪律

甲乙双方都要自觉遵守国家劳动法律法规和政策，乙方应当遵守甲方的劳支纪律和依法制定的规章制度。

六、劳动合同的终止

1. 劳动期限届满后，或者双方约定的终止条件出现，劳动合同即行终止。

2. 双方同意，可以续签劳动合同；一方不同意续签，另一方不得强迫。

七、附则

1. 未尽事宜，双方可签订补充合同，条款与劳动法律相悖，则按法规执行。

2. 本合同一式两份，双方各执一份。

甲方：　　　　　　　　　　乙方：

日期：　　　　　　　　　　日期：

由于设立房地产经纪企业需要有资质的人员从业，但房地产经纪行业发展时间不长，大量从业人员没有相关资质，导致为了设立房地产经纪公司需要外借有资质的人员的证书，该行为不合法，但却大量存在，且因相关借证问题也曾发生多起纠纷，但由于实际情况的原因，大量借证行为存在，该借证协议仅作参考。

 员工教育培训协议书

员工教育培训协议书

　　为了提高员工基本素质及职业技能，公司鼓励并支持员工参加职业培训。为确保员工圆满完成培训学业，并按时返回公司工作，公司与受训员工签订如下协议：

　　一、公司同意该员工赴_____学习，学习期自____年____月___日至____年____月___日，实计为期。

　　二、受训员工应按公司指定或公司约定的学校及专业就学。如需要变更，应事先及时通知公司，并得到公司的批准。

　　三、受训员工学习时间，计入工作时间之内，按连续工龄累计。

　　四、受训期间的工资视情况按原工资的____%支付；奖金按通常支付额的____%支付。在晋级或工资办法修订时，受训员工作为在册人员处理。社会保险、劳动保险，原则上按有关规定作为在册人员处理。

　　五、受训期间医药费用按在职人员对待。但由于本人过失或不正当行为而致病（伤）者除外。当受训人员患有不能继续学业的疾病时，应接受公司指令，终止学习，返回公司，并依有关规定处理。

　　六、受训员工在学习期间，必须每隔___天（即每年__月__日前）向公司人事部书面报告学习情况，并附学校有关成绩等记录。

七、受训员工应自觉遵守培训校方的各项规定与要求。凡因违规违纪受到校方处分的，公司将追加惩处，视同在本公司内的严重过失。

八、受训员工的学费由本人承担_____元，由公司承担_____元。

九、受训员工辞职，其司龄在一年以内则需由公司交纳公司负担部分的全部培训费用；两年以内向公司交纳公司负担培训费用的50%，三年以内交纳25%；三年后则可免交培训费用；因违纪被公司辞退的员工亦照此办理。

司龄就是在现公司的连续工作年限，工龄与司龄的区别是工龄是第一份工作开始计算的工作年限。

十、在培训期间，受训员工接受公司交付的调查或出差，差旅费按员工差旅费规则支付。

十一、培训结束，受训员工应及时返回并向公司报到。

十二、为确保上述协议规定的执行，受训员工应在就学前向公司交付人民币（大写）____元（小写）____元）作为保证金。受训员工如有逾期不归，受训期从事超越学习范围的业余活动或擅自更改培训方向与内容等行为，若涉及法律责任，由该员工自负，与本公司无关，其保证金归公司所有。受训员工圆满完成学业，无任何违反上述规定的行为，按时返回，在向人事部报到后半月内，公司退还保证金。受训员工若未通过结业考试，公司将从其保证金中扣除与本次培训相关费用（含学杂费、书费、调研费、实习费、上机费、住宿费、交通费等）后，退还其保证金余额。

十三、受训员工在学习期间成绩优异，有杰出表现，公司将视情况给予奖励。

×× 公司（签章）：　　　　　　　　　　受训员工签字：

　年　月　日　　　　　　　　　　　　　　年　月　日

房地产经纪行业是个需要人员量大、从业人员流动快的行业，由于行业起步晚，很多刚入行的人完全没有相关经验，需要公司对其进行专场培训。但由于该行业利润不低，单位成交金额较高，员工在该公司接受培训实践后，为了丰厚的奖金经常会发生跳槽行为，导致公司损失严重，很多公司在不知不觉中成立所谓的"培训基地"。所以签署员工教育培训书可以延缓员工跳槽时间，约束员工随意跳槽，在员工恶意跳槽后，也可以向员工追究相关损失。

人事管理规章制度

人事管理规章制度

1. 应聘：所有应聘者均应填写应聘表格，提供个人简历。

2. 入司及录用：

（1）一般情况，员工报到手续办理完毕方可入司。

（2）公司员工包括与公司签订《劳动合同》及《岗位聘用协议》的所有从业人员。

（3）员工薪酬（或劳务费）、合同起始日、试用期起始日都自员工入司日起计。

（4）报到。

第一，如实填写《员工履历表》，日后个人资料有变动应及时通知人力资源部。

第二，报到日提供身份证、学历及专业技术水平等有关证明资料，并附1寸证件照2张；报到日起一个月内提交劳动手册和退工单、特种工作上岗证、健康证等，否则公司保留解除劳动合同及岗位聘用协议的权利。

第三，熟悉办公环境、办公区、公司同事（部门主管及文员）。

第四，确认工位、签收各类办公用品、办公设备等（部门文员）。

第五，确认本岗职责、工作规范，了解部门职能和规范（部门主管或文员）。

第六，申请上网账号、邮箱、考勤卡、名片等事宜（部门文员）。

（5）试用与转正。

第一，员工试用期以合同（或聘用）为准，一般为3个月，但总计不超过6个月；

第二，公司在试用期内对员工工作进行考评，考评内容为绩效成绩、敬业精神、业务能力、遵纪守法、健康状况、团队协作等；

第三，经试用期考核合格者，公司即通知员工予以转正（试用期内工作业绩显著、称职的员工，经总经理批准可提前转正，但试用期不少于1个月，有违纪情况员工不能提前或按期转正）；

第四，新员工应在试用期满前15天填写转正表交于直接上级、进行书面转正申请；

第五，转正审批不超过2级，由用人部门审核、人力资源部或公司总经理审批核准；

第六，审批者应及时向员工反馈转正考核意见，说明员工待改进方面或不能转正原因。

（6）职位的升降与调职。

第一，公司根据员工的工作表现和工作需要，有权在必要时候对员工进行提升或调动员工工作岗位。员工接到变更部门、职别的通知后，必须于规定时间内办理交接手续，并按时报到；

第二，员工晋升后前三个月属试升期，试升期满考核（考核办法同试用期）合格者，予以转正；

第三，如果员工个人表现未能符合所在职位的要求或考核不称职，公司有权对员工进行降职、挂职或其他处理。

（7）劳动合同签署、终止及解除。

第一，为规范用工、保护劳动双方合法权益，凡被正式聘用的员工均须与公司签订《劳动合同》或《岗位聘用协议》；

第二，合同期满，公司与员工任何一方无意愿续签，劳动合同或岗位聘用协议即告终止，但需提前一个月书面形式通知对方；

第三，试用期内被证明不符合录用条件的和本人要求终止合同的可终止《劳动合同》《岗位聘用协议》；

第四，员工因严重违反公司劳动纪律及规定，以及泄露公司、岗位机密的，公司有权解除《劳动合同》或《岗位聘用协议》，并追究其对公司造成的损失。泄露重大机密者，将被追究法律责任；

第五，员工提供的个人情况或资料不完整、虚假或与事实不符，已严重影响公司与其劳动合同关系（或岗位聘用关系）之确立或存续，公司与其签订的劳动合同或岗位聘用协议自始无效，且不支付任何补偿金；

第六，员工调往其他加盟公司时，与原公司《劳动合同》或《岗位聘用协议》自然终止；

第七，员工在接到解除劳动合同（或岗位聘用协议）的提前通知期内，未经直属主管同意，不得擅自请假和旷工；

第八，人力资源部负责《劳动合同》《岗位聘用协议》及补充协议的修订、订立、签发与管理。

（8）员工档案。

第一，人力资源部负责员工档案的建立、保管、查阅、变更等管理；

第二，员工个人档案包括以下资料：

第一类	个人简历、劳动手册、学历复印件、身份证复印件、职称、体检、退工证明
第二类	员工登记表、面试评估表；转正征询表、审批表、劳务派遣单、劳动合同、岗位聘用协议
第三类	员工考核资料、奖惩证明及其他个人资料

第三，员工住址、电话、职称等个人资料有变化时应及时告知人力资源部。

3. 任职

（1）考勤。

第一，总部幕僚体每周工作5天，工作时间上午9:00—12:00，下午13:00—18:00，员工于公司规定会议室用餐；

业务体为综合计算公时工作制。

第二，员工进出公司均应打卡，考勤卡记录为有效的工作时间记录。

迟到、早退1～30分钟（含），按每分钟1元的标准扣款。

迟到、早退超过30分钟，作事假1天处理，但事后必须补办手续，无正当理由的以旷工论处。

第三，人力资源部负责本公司所有员工（含劳务工）的考勤管理。

第四，员工无论何时上、下班，出入办公地点都应亲自刷卡，不得请他人打卡和代他人打卡，一经发现即按公司行政奖惩制度作违纪处理。

第五，因天气、交通事故等本人无法预见和控制的以外情况，出现迟到、早退、漏打卡者，需向人力资源部提交情况说明，经人力资源部经理核准后可不做违纪处理。

第六，幕僚体员工在工作时间内，不得随意离开公司外出。外出需填写"外出申请单"，经主管上级同意批准，并在公司软件系统（如OA）上报备人力资源部。业务体员工外出作业也必须事先向主管报备，并经主管核准。

第七，考勤卡办理中、丢失、损坏、忘带等不能打卡时，应以登记方式考勤。

（2）请假。

第一，因故不能出勤应提前一天办理请假手续，填写"请假申请单"，部门经理可核准2天（含）以内假期，2天以上休假需报上一级领导批准。

第二，请假的最小单位为半天（4小时），不足4小时的按半天计，超过4小时的按1天计。

第三，事假不带薪。员工全年累计事假不得超过15天。超过15天的部分，以旷职论处，假期不带薪。

第四，员工因病需停工休息的，须有一级以上医院开具的病情申请单。其中，病假1天（含）需提供当天医院开具的病历证明，病假2天（含）以上需提供医院开具的病假休假单原件。病假期间工资按上海市劳动局和社会保障局有关规定执行。公司有权指定医院复诊。

第五，上班时间外出就诊，须事先取得部门经理的批准，办理外出申请手续。外出时间如有医生开具的病假单，可作病假处理，无病假证明的，且超过2小时不满半天，按半天事假处理，超过半天的按一天处理。

第六，因急事、急病不能提前办理请假手续者，在上班后15分钟内电话告知本部门主管，返回后补办相关手续；否则按旷职论处。

第七，请假者应做好休假期间工作安排，并保持与本部门的电话或邮件联系。

第八，虚假请假理由属欺骗公司行为，如发现并确认属实者，予以辞退。

（3）加班与调休。

第一，各部门根据工作需要加班时，由部门经理核准，均需填写"加班申请单"，并报备人力资源部。员工加班原则上给予补休、无法安排补休的给予加班工资。

协理岗位以上管理人员以及业务人员，实行目标管理原则，需在工作时间以外处理事务的，不做加班论处（国定假除外）。

第二，员工如需调休，应提前1天办理调休手续，填写"请假申请单"，由部门经理批准，并报备人力资源部，部门经理调休由总经理批准；如因紧急情况需要临时调休的，上班后15分钟内电话告知本部门主管，返回后补办相关手续，否则按旷职论处。员工每月调休原则上不得超过2天（含），有特殊情况需要调休2天以上的，需报人力资源部和总经理核准。

第三，调休者应做好休假期间工作安排，并保持与本部门的电话或邮件联系。

（4）工作请示、工作协作。

第一，公司实行层级管理体制，一般不可越级或跨部门进行工作请示；

第二，部门间、同事间应加强沟通、相互协作；

第三，工作建议、员工不满或争议，可向上一级主管或人力资源部提出；

第四，争议或不满应尽可能与直接上级协调处理；

第五，尽可能客观地看待人或事，不在同事间散布不满情绪、不私下议论同事是非。

4. 工资

（1）工资计算。

第一，公司实行月薪制，每月15日为公司发薪日，发放上月初至上月末的工资。

第二，公司所有员工工资计算方法按《上海市企业工资支付办法》办理。

第三，公司所有岗位薪金标准由基本工资与绩效考核奖部分组成。绩效考核部分与每月绩效考核结果直接相关，具体详见各岗位的考核办法。

第四，公司根据经营状况确定发放年终奖金，奖励金与员工的绩效考核成绩直接挂钩。

第五，公司有权根据效益和每位员工的工作表现、绩效考核成绩进行适时的薪资调整。

第六，员工患病休假在6个月内的，连续工龄小于2年者，病假日工资按员工平均工资的60%计发；连续工龄大于等于2年且小于4年者，病假日工资按职工日平均工资的70%计发；连续工龄大于等于4年且6年者，病假日工资按职工日平均工资的80%计发；连续工龄等于6年且小于8年者，病假日工资按职工日平均工资的90%计发；连续工龄大于等于8年者，病假日工资按职工日平均工资的100%计发。

第七，事假不计工资：事假、病假期间不享受公司福利。

第八，当月请假的员工［调休及病假不超过1天（含）的除外］，或当月累计迟到3次及以上的员工，扣发当月全勤奖。

（2）工资发放。

第一，工资核算由人力资源部负责，发放由公司财务部负责；

第二，员工对工资有异议的，可直接向人力资源部查询（薪资专员）；

第三，公司在以下情况可不发放或抵扣员工当月或次月工资：

①未办理任何离职手续私自离职；个人借支未在发放工资前或离职办理时结清。

②因员工过错给公司造成一定经济损失，侵占公司财物。

5. 福利

（1）法定福利。

①公司按国家规定为员工办理基本社会保险手续（其中按国家规定须员工本人承担的

部分，在月薪资中代扣代缴）或外来人员综合保险，派遣员工由派遣单位缴纳；

②合同期间，因员工个人原因导致公司不能缴相关保险者，公司不承担相关责任。

（2）企业福利（培训）。

①所有在职员工都可享受公司提供的培训，培训工作由人力资源部执行。培训分为岗前培训和岗中培训，员工必须参加，培训后不合格者，不能上岗工作；

②因工作需要须占用上班时间参加岗位技能培训的，须经人力资源部和部门经理批准；

③如果员工参加公司资助的培训，劳资双方在培训前须在自愿的基础上订立劳动合同的补充协议，以明确员工因接受该培训而需为公司服务的最低年限，以及员工在该年限内离职须向公司补偿培训费用的计算方法。

（3）企业福利（带薪假期）。

第一，年休假：工作满1年不满10年的员工可按公司规定享受带薪休假5天；工作满10年至20年的员工，带薪休假10天；工作满20年的员工，带薪休假15天；员工休年假，应指定好职务代理人，按请假审批权限申请并报人力资源部备案。需一次性休完年假的员工，需提前二十天提出申请。员工带薪年假应当在当年内申请，除公司同意外，不带入下一年度，逾期作废。

第二，员工有下列情形之一的，不得享受当年的年休假。

①员工请事假累计20天以上且单位按照规定不扣工资的；

②累计工作满1年不满10年的员工，请病假累计2个月以上的；

③累计工作满10年不满20年的员工，请病假累计3个月以上的；

④累计工作满20年以上的员工，请病假累计4个月以上的。

第三，公司排定的重要集会（月会、年会）均不得排定年休假；春节前工作日，经主管审核批准，可排定年休假；春节后工作日须准时报到上班，不得排定年休假，若逾期1个（含）工作日未归，以事假论并记以警告处分一次，若逾期3个（含）工作日未归，以事假论并记以小过处分一次；若逾期5个（含）工作日未归，以事假论并记以大过处分一次；若逾期7个（含）工作日，以事假论并视为自动离职。

第四，公司视具体情况，安排绩效特别优秀的员工享受定期的带薪休假，作为对该员工的奖励。

第五，转正员工可按工作地相关规定享受婚、丧、产假。

第六，婚假：女方满20周岁、男方满22周岁的员工提出结婚，均能享有3天婚假（女方满23周岁、男方满25周岁，享有10天婚假）。婚假包括公休日，婚假须在结婚登记后三个月内享用，延迟须经人力资源部批准。员工休婚假10天前填写"假期申请单"，经人力资源部批准后，连同有关证明复印件交人力资源部备案。婚假必须一次用完，因故未休假的，事后不得补休。

第七，产假：凡符合国家规定的产假（生育、自然流产、人流），假期以医院证明为准。产假包括公休日、法定假日。产假期间的生活费和医疗费按《上海市城镇生育保险办法》办理。

第八，丧假：父母、子女、配偶、配偶之父母去世，员工享有3天丧假；祖父母、外祖父母、兄弟姐妹（包括配偶方），员工享有1天丧假。

第九，工伤假：员工工伤，按上海市工伤管理条例执行；

第十，带薪假员工休假期间仅享受正常工资，并不包括绩效考核。

6. 离职

（1）离职申请。

第一，需提前30天向直接上级提出书面申请；

第二，用人部门申请辞退员工应提交书面申请，须经人力资源部审核、总经理核准。

（2）手续办理。

第一，工作交流、公司财产交接、其他工作交接（部门经理负责）；

第二，往来账清算、工资清算（财务部负责）；

第三，员工手续办结7个工作日内，人事关系转出（人力资源部负责）；

第四，员工离职手续应尽可能在一个工作日内办结，办理手续当天计出勤。

（3）员工在任何情况下离职，必须完成下列手续后，方可领取最后一次工资。

第一，交还《员工手册》、在公司领用的物品，如手提电脑、办公用品、钥匙、工具、书籍及工作记录本、业务联系资料等有关文件；

第二，交还预支款或备用金；

第三，向继任者或其他同事交接好所有工作，交接工作未清者，公司有权在该员工工资中扣除公司所受之损失，并保留追究权。

（4）有以下情况之一的，公司暂不发放员工未领取之工资：

第一，未办理任何离职手续擅自离职；

第二，员工未办结离职手续或未清结当月个人借支；

第三，侵害公司知识产权、从事第二职业；

第四，其他侵害或损坏公司利益行为。

（5）知识产权。

第一，员工在公司工作期间，在职务工作中形成的研究、开发成果归属公司。

第二，员工在合同期间及终止后（公司商业秘密完全公开情况除外），除非为履行自己在公司的职务或者执行国家法律的规定，未经公司书面同意，不得有以下行为。违反此款规定者，公司将有权作相应违规处理：

①公开发表或对其他人泄露公司的任何商业秘密；

②为其他目的使用公司的任何商业秘密；

③复印、转移含有公司商业秘密的资料；

④公开发表、非法使用、复印、转移其他保密或竞业禁止合同中规定的信息。

7. 员工争议

（1）员工争议。

第一，员工争议应本着友好协商的原则进行解决；

第二，员工不满或因不知情而产生的不满，责任人应及时予以协调，尽可能消除误解、避免或减少争议发生；

第三，保持与员工全面沟通，保持上下级信息对称，以减少分歧，员工争议应及时纠错。

（2）员工不足或待改进工作方面，用人部门经理应直接指出并加以说明指导。

（3）部门经理应在以下情况下确保与员工进行反馈面谈。

第一，员工转正考核、日常及年度考核、员工辞职或被辞退；

第二，员工岗位变动、薪水调整；

第三，员工多次或较严重违反公司规定；

第四，其他需对员工申请直接做出批复的情况。

（4）员工辞职或公司辞退员工时，用人部门经理应与员工进行离职面谈。

（5）因员工争议而发生的仲裁或诉讼由人力资源部经理、公司律师负责。

8. 附则

（1）本制度由公司人事行政部制定、解释，由人事行政部监督检查。

（2）本制度自___年___月___日起执行。

××不动产人事行政部

年 月 日

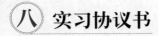 **实习协议书**

实习协议书

甲方：

乙方：

（乙方为_____在读学生，学生证号：_____）

甲乙双方通过供需见面、双向选择，达成如下协议：

一、实习期限：从___年___月___日至___年___月___日。

二、乙方在甲方单位实习期间，甲方提供乙方实习津贴　　元/月。

三、乙方在甲方单位实习期间，必须服从甲方的工作安排及遵守甲方一切规章制度，若有违反甲方有权利终止乙方实习。

四、甲方为乙方提供的工作条件和劳动保护应符合国家有关规定。

五、乙方在实习期间，如果要去学校参加考试和论文答辩，需要提前3天向甲方提出申请，经甲方同意后，至学校就业指导中心办理相关手续后方可请假。

六、甲乙双方必须全面履行实习协议，如一方解除协议，需提前一周向另一方提出，并承担相应的违约责任。

七、如有本协议未尽事宜，双方协商解决。

八、本协议经甲乙双方签字盖章生效。实习结束后，经双方选择，双方可按有关法律规定，签订劳动合同并办理相关录用手续。

九、本协议一式两份，甲方乙方各执一份。

甲方（用人单位盖章）：　　　　　　乙方（签字）：

日期：　年　月　日　　　　　　　日期：　年　月　日

九　员工离职审批交接单

员工离职审批交接单

姓　名		所在部门		到职日期	
				离职日期	
离职类型		□辞职　□辞退　□自动离职　□其他（　　）			

本人意见（离职员工填写）：

离职人签名：　　日期：

直属主管意见：

直属主管签名：　　日期：

上级主管意见：

上级主管签名：　　日期：

部门主管意见:

部门主管签名: 日期:

交接手续		
1. 所属单位	□手头工作移交 □待办项目交接 □业务资料交接 □契约书等物品交接 □办公文具上缴 □胸章、名片、领带等上缴 □门店公积金、零用金各种款项交接	是否使用公司手机卡 归还日期: 交接负责人签字:
2. 法务处	□未完结个案细节交接、服务状况确认 （非业务人员无须办理）	法务主管签字:
3. 财务部	□应收、应付款项核对与说明 □电话费核算 □奖励和扣缴费用清算	财务主管签字:
4. 资讯处	□电脑及相关设备回收 □相关账号和权限变更/了解、封存（房友、OA、短信平台） □公司集团号的删除；号码:	资讯主管签字:
5. 人事行政部	□吊牌变更/回收 □考勤记录核对 □劳动合同变更/解除 □社保及相关手续迁出	人事行政部主管签字:
6. 财务部	□薪资结清	出纳签字:

备注:

十 岗位说明书范例

岗位说明书范例：法务部—经理

岗位名称	经理	所属部门	法务部	人员编制	1
上级部门		直属领导	总经理	间接领导	
下属部门	无		直接下属	签约法务、送件法务	

1. 岗位职责

接受总经理之下，负责完善、修订各门店所需的相关契据、法律文书，负责与房产交易相关的法律文件的拟订、签署；监控合同的履行，即时协调、促进履约；对政府政策，特别是针对房地产方面的新政策进行即时研究、解析、宣导，为门店提供相关的法律咨询、援助，在其他相关部门的配合下，为营业管理处提供强有力的支持及完善、高效的后续服务。负责整个公司各项对外法律文书的拟订、审定；配合人力资源部对公司相关部门、人员进行法务知识培训。

(1) 对本部门员工进行日常的绩效考核；

(2) 有权提请部门内的人事任免；

(3) 对公司其他部门与法律事务相关的工作，尤其是涉及法律文书的工作，有知情权，对其所签署的各项法律文书有审定权；

(4) 根据市场变化，结合本部门能力，合理调整结构，适时的将代书、贷款、过户服务推向市场，提出市场化经营方案；

(5) 确保公司在合法的基础上运营；

(6) 协调内部各科室的配合，使法务处及整个运营部工作顺畅、高效；

(7) 建立并发展与本部门专业相关的外部机构的合作关系，如银行、公证处、交易中心等；

(8) 监督法务处各种规章制度的执行；

(9) 针对与行业相关的新政策即时进行解析，提出应对策略，并宣导于其他相关部门；

(10) 负责法务的内部培训

2. 素质能力要求

法学专业本科以上学历，5年以上法律相关工作经验，3年以上同行业工作经历，责任心强，具有良好沟通、协调能力，应变能力较强，能够承受高强度的工作压力；有大局观

岗位说明书范例：营运部—法务处—签约科—法务专员

岗位名称	签约法务	所属部门	法务部	人员编制	4
上级部门		直属领导	法务部经理	间接领导	无
下属部门	无	直接下属		无	

1. 岗位职责

在法务处经理的带领下，负责门店个案的签约事宜，为客户及业务员提供签约咨询、制作文书、签署合同、协助交易、促进履约，对产权的权属情况及买卖双方身份证件及相关资料进行确认。负责个案的预审、还贷、审贷、放款方面的工作。

（1）有权对预约案件及履约异常案件的具体情况进行了解；

（2）有权收集与交易相关资料；

（3）有权依据相关法律法规及国家政策主持独立签约；

（4）对需贷款的个案与签约科、门店业务员进行深入沟通，收集、调阅相关文件资料；

（5）各级签约法务须在保障交易安全的前提下，主导合同顺利签订；

（6）坚决服从上级主管、遵守各项规章制度及作业流程；

（7）及时了解国家相关政策的变化，掌握应对办法；

（8）对待客户要专业、热情、耐心；

（9）根据相关的法律法规及签约细则，结合个案成交条件认真、负责的制作文书；

（10）安全、迅速、合理的主导交易流程；

（11）及时、妥善地解决与交易相关的各项问题、及时反馈疑议给上级主管，避免交易纠纷之产生；

（12）根据已签买卖居间合同以及上下家资料，联络相关银行进行初步预估，确定客户贷款银行、成数、利率、贷款年限等细节；

（13）为客户房屋价值评估报告、签订借款合同、办理住房抵押保险及协调银行放款；

（14）仔细分析案件，灵活运用银行政策，即时向客户提供合理的贷款方案；

（15）紧急情况下送件，领取产证；

（16）网上备案挂牌，房友输入维护跟进，保证及时合规的签约，维护公司网上房地产密钥的使用无碍

2. 素质能力要求

法律专业本科以上学历，1年以上相关工作经验，有良好的沟通、协调、应变能力，责任心强，能承受一定的工作压力

岗位说明书范例：营运部—法务处—送件科—送件专员

岗位名称	送件法务	所属部门	送件科	人员编制	2人
上级部门		直属领导	法务处经理	间接领导	无
下属部门		无	直接下属		无

1．岗位职责

在送件科主任领导下，会同门店承办业务人员负责个案的交易中心送件（包括抵押注销，产权过户，缴纳相关交易费用）及交房、物业过户、水电煤物业维修基金过户方面的工作。

（1）对需送件的个案与签约科、贷款科、门店业务员进行深入沟通，收集、调阅相关文件资料；

（2）有权对个案的送件时间进行计划安排；

（3）及时掌握房地产交易中心新近出台的各项规章制度、工作流程，及时提出应对建议；

（4）负责与各交易中心建立长期友好合作关系；

（5）及时安全地做好个案的交易过户手续。

2．素质能力要求

高中以上学历，年龄不限，吃苦耐劳，有一定的责任心，有一定的沟通、协调、应变能力，有经纪人证书优先，限沪籍。

十一 员工应聘表

员工应聘表

应聘岗位：店长□ 主任□ 经纪人□ 秘书□ 其他□ 　　　　填表日：　年　月　日

请仔细阅读后用正楷填写，请提供所有要求的内容。
从何处获得我司招聘信息：①网络 ②报纸 ③人才交流会 ④经人推荐 推荐人：　　　⑤其他

基本资料					
姓　　名			中文拼音		
性　　别	男□　女□		民　族	政治面貌	
出生日期		身份证号码		婚姻状况	已婚□ 未婚□
籍　　贯	（省/市）　（区/县）		户口所属街道		

户口所在地	（省/市） （区/县） 路 弄 号 室		固定电话	
现 住 址	（省/市） （区/县） 路 弄 号 室		手 机	
最高学历	毕业学校		毕业时间	
所学专业		辅修专业		
职 称	职称等级	评定时间	评定机构	
健康状况	身 高	体 重	视 力	
第一外语	级 别	第二外语	级 别	
计算机应用	精通□ 熟练□ 一般□ 其他□			

学习/培训经历

时间起讫	学校或培训机构名称	学习专业	学历/证书	公司审核
				通 过 □
				未通过 □

工 作 经 历

时间起讫	工作单位	职 位	月 薪	离职原因	主管姓名	联系电话

请列出所获得的各种荣誉或工作业绩：

自我评价/个人发展计划（包括性格特征，个人能力、爱好、特长等）：

家 庭 情 况

姓 名	年 龄	关 系	工作单位/家庭住址	联系电话	备 注

期望薪资：	其他要求：

续 表

能否配合加班：能□ 否□ 视情况□	住宿要求：

能够到职的时间：三天以内□ 一周以内□ 两周以内□ 其他

是否已与原单位解除劳动协议/劳动合同：已解除 □ 解除时间： 尚未解除 □

是否与原单位签订了其他协议/合同：是□ 否□

是否缴纳过社会保险（上海）：是□（公积金账号：_____） 否□

以下由单位填写

初 试

精神面貌 好□ 一般□ 差□ 语言表达 好□ 一般□ 差□
逻辑思维 好□ 一般□ 差□ 专业水平 好□ 一般□ 差□

初试意见：_____
_____
_____

初试人：

复 试

精神面貌 好□ 一般□ 差□ 语言表达 好□ 一般□ 差□
逻辑思维 好□ 一般□ 差□ 专业水平 好□ 一般□ 差□

复试意见：_____
_____
_____

复试人：

公司声明：1. 填写内容必须真实，该资料将成为选聘、录用依据之一；2. 以上资料将由公司保留，恕不退还。
本人承诺：1. 所提供的资料均属实；2. 入职时与原单位已解除劳动关系。
若有不实之处，因此而引起的一切不良后果概由本人负责。

应聘者签名： 年 月 日

能否配合加班：能□ 否□ 视情况□	住宿要求：

能够到职的时间：三天以内□ 一周以内□ 两周以内□ 其他

是否已与原单位解除劳动协议/劳动合同：已解除 □ 解除时间：　　　尚未解除 □

是否与原单位签订了其他协议/合同：是□ 否□

是否缴纳过社会保险（上海）：是□（公积金账号：＿＿＿＿）否□

以下由单位填写

初 试

精神面貌 好□ 一般□ 差□ 语言表达 好□ 一般□ 差□
逻辑思维 好□ 一般□ 差□ 专业水平 好□ 一般□ 差□

初试意见：

初试人：

复 试

精神面貌 好□ 一般□ 差□ 语言表达 好□ 一般□ 差□
逻辑思维 好□ 一般□ 差□ 专业水平 好□ 一般□ 差□

复试意见：＿＿＿＿＿＿＿＿＿＿＿＿＿＿＿＿＿＿＿＿＿＿＿＿＿＿＿＿
＿＿＿＿＿＿＿＿＿＿＿＿＿＿＿＿＿＿＿＿＿＿＿＿＿＿＿＿＿＿＿＿＿＿
＿＿＿＿＿＿＿＿＿＿＿＿＿＿＿＿＿＿＿＿＿＿＿＿＿＿＿＿＿＿＿＿＿＿

复试人：

公司声明：1. 填写内容必须真实，该资料将成为选聘、录用依据之一；2. 以上资料将由公司保留，恕不退还。
本人承诺：1. 所提供的资料均属实；2. 入职时与原单位已解除劳动关系。
若有不实之处，因此而引起的一切不良后果概由本人负责。

应聘者签名：　　　　年 月 日

第三章 ❯

完善销售流程，
强化市场成交能力——

作为重要结构之一的销售部
门，中介机构并未真正思考过销
售管理中错误的方法和意识。

销售业务管理

模式·流程·制度化

业务能否进行复制的关键在于体系化能力是否存在，体系化能力具体表现为：较为清晰的业务模式，规范和标准化的业务流程，以及清晰的工作规范和制度，总部、区域和项目之间分工和职责明确，产品的标准化和持续创新及完善。

一 深入理解销售本质，提高销售成效

1 销售是一种教育及训练

中介机构培训的方式：先教育训练他们的销售负责人，销售负责人教育训练他们的销售人员，销售人员再去教育训练客户，客户又去教育训练他们的听众。房地产销售管理的实质就是完整地推动这一过程顺利运行。

销售的过程就是给客户讲述有关公司、楼盘和服务并加以说服，让客户明白这正是他们所需要的。销售人员必须接受销售训练——训练他们展示楼盘的能力——才能说服人们相信公司及楼盘的优点，消除他们的疑虑，完成销售。

 销售是一种市场调查

可以把销售看做是一种市场调查，其目标在于：了解人们的需求，并提供相应的产品和服务。如果你列出了一些问题并给出不同的选项让客户回答，再依照分析结果设计出的产品和服务，自然比较符合客户的需要。

③ 成功的销售最关键因素是信任

成功的销售最重要的决定因素是"信任"，为此销售人员必须能够有效地倾听，客户越信任销售人员才越有可能成功。

信任的对象可以分为公司及销售人员。当客户同时信任公司及销售人员时，要达成销售简直易如反掌。

二 "三点式"销售管理掌握成交主导权

① 卖点管理

对一个房产项目来说，卖点是固定不变的，它是当项目价格高于区域同类产品价格的支撑点，是销售员用于客户成交逼定时屡试不爽的"吸心大法"。将卖点释放给客户是非常重要的销售环节。

销售人员做不好这一点是销售经理的责任。这是因为销售经理缺乏对现场接待的监管或掌控，对销售人员的要求不够严格。

可以将项目的卖点做成简单易记的说辞，销售员熟记后灵活应用，但说辞的关键组成部分不允许销售自己发挥，要求销售员在接待过程中适时地释放卖点，重复再重复卖点。价格是由卖点去支撑的，没有卖点的支撑，客户看到的房子只是钢筋水泥。

② 买点管理

买点，指的是客户购买房地产项目的原因，深度来说是指客户的真实购买需求。

客户反映业务员咄咄逼人，受到冒犯，这是因为没有先建立一种良好的信任感，同时没有运用发问的技巧。

销售员掌握客户真实的购房需求很关键，等于掌握了成交的主导权。光是简单询问客户想要购买什么样的房是不够的，必须很全面掌握客户的购房置业意图、常居人口数、家庭结构、职业工作、家庭收入、首付能力、月供能力、对小区规划的满意度、对户型结构的满意度、去看过的其他项目、重点对比的项目，等等。当搞明白这些问题后就可以有针对性地给客户创造买点了。

③ 节点管理

营销节点管理是贯穿营销全程的骨髓，关乎项目的成败方向。节点营销通常包含有前期市场调查、项目定位、规划设计、前期宣传、销售进场、客户咨询登记、认筹、板房开放、开盘、持续销售、尾盘销售等环节。

每个环节对于项目有不同的意义和目的，每个环节也都融入了项目策划人员和销售经理的思想在里面，好的销售经理能让项目有他个人的影子在里面。随着销售团队进场后销售经理就是项目销售现场的灵魂，各个阶段需要完成怎样的目标，达到怎样的效果，销售经理必须要明确地传达下去。但只是把目标和要求告诉销售人员，让其自由发挥是不够的，会出现项目对外释放的信息不完全一致、不同销售人员达到的效果差异很大等问题。

最好制定统一说辞。统一销售员70%的说辞内容，30%让他们自由发挥，关键内容必须统一。给项目讲解、销售百问、每个节点的信息释放、发现问题的引导、房源的引导、卖点的引导、价格的引导、客户的针对性跟进、竞争项目的抗击说辞、市场利好等都制定提纲式的统一说辞，说辞的制定可以结合团队大家的意见进行整合。

完善销售管理三大流程，提高市场能力

流程❶ 根据市场发展形势，及时调整内设部门职责

随着人员的逐步充实，销售部门将强化内部管理列为当前重点工作之一。要求业务策划部逐步加强定量分析工作，加强分析工作对营销的具体指导，并提供经营决策分析，同时配合项目支撑部做好产品包装和推广。

流程❷ 落实客户经理责任制

按照客户经理责任制的要求，督促检查客户经理的客户走访和回访工作，要求客户经理随时掌握市场动态，及时把握所辖客户业务、费用的变动情况，实时更新客户资料，每周撰写客户分析，报送市场竞争动态。

流程❸ 进一步完善销售收入服务责任制

销售部门参照公司绩效考核办法，根据销售部自身的工作特点，制定了以收入服务为中心的员工绩效考核流程，将收入和服务指标纳入每一位工作人员的绩效考核。

管理工具箱

一 新人商圈分析调查表

×店新进人员商圈分析调查表

店经理评分：＿＿＿＿＿＿＿＿ 地址：

物业管理	□ 严格 □ 普通 □ 差		概述：	
小区绿化情况	□ 好 □ 普通 □ 差		概述：	
小区总户数	约＿＿＿＿＿户	入住率	％	（注：可参考有无装设冷气、窗帘，阳台有无封闭，晾晒衣服、信箱有无人清理，或询问住户、保安、物业等）
得房率	％		（注：可询问住户、保安、物业、同业）	
物业管理费	元/m²		（可询问住户、保安、物业、同业）	
小区户型	□ 一室 □ 二室 □ 三室 □ 四室 □其他 □ 多层 □ 小高层 □ 高层 □ 别墅 □其他			

续 表

房屋面积	一室＿＿＿m² 二室＿＿＿m² 三室＿＿＿m² 四室＿＿＿m² 别墅＿＿＿m² 其他＿＿＿m²
房屋均价	一房 毛坯＿＿＿＿元/m² 装修＿＿＿＿元/m² 二房 毛坯＿＿＿＿元/m² 装修＿＿＿＿元/m² 三房 毛坯＿＿＿＿元/m² 装修＿＿＿＿元/m² 四房 毛坯＿＿＿＿元/m² 装修＿＿＿＿元/m² 其他＿＿＿＿＿＿＿＿（可询问同业或参考同业DM）
生活机能分析	（公园、超市、卖场、医院、学校）
周边交通情况分析	（公交、地铁、轻轨）
未来重大工程规划 或建设	
整体感觉评价	优点： 缺点：

编号：＿＿＿＿＿ 日期： 经纪人：

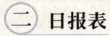

二 日报表

日报表

有效度判断标准								
1. 产生直接成果	2. 明确洽定结案要件与日期							
3. 可延伸后续之行程	4. 达成预定之目的			日期: 月 日 星期:				

今日达成		追踪线（条）	委托（件）	附表（张）	带看（组）	签约（万元）	定金（万元）	意向（件、万元）
时间	D.E.S	姓 名	电 话	具体工作内容状况			后续做法或结果	有效度
/								
/								
/								
/								
/								
/								
/								
/								

明日重要联络事项	明日工作计划						店经理批示
	时间	D.E.S	客户姓名及工作内容	时间	D.E.S	客户姓名及工作内容	

三 月/周工作计划表

月/周工作计划表

本月目标	委托(A/总件数)：　　/　件		附表(A/总件数)：　　/　张		成交(A/总件数)：　　/　件		业绩：　　　　万元		
本月改善重点									
周目标	星期一	星期二	星期三	星期四	星期五	星期六	星期日	周目标达成	月累计达成
第一周	委托 附表 业绩							委托 附表 业绩	
第二周	委托 附表 业绩							委托 附表 业绩	
第三周	委托 附表 业绩							委托 附表 业绩	
第四周	委托 附表 业绩							委托 附表 业绩	
第五周	委托 附表 业绩							委托 附表 业绩	

注：
于拟定月计划/目标时，排定本月的会议、培训、休假及预计工作安排日程（如预计开发的对象与时间）。
于拟定周计划/目标时，再次确认原已预排定的周行程，并排定该周新增的工作安排日程。

四 周目标检讨表

周目标检讨与设立

期间：＿＿＿＿＿＿＿＿

经纪人：＿＿＿＿＿＿

	项目	月目标统计			资源盘点			
		委托（件）	附表（张）	业绩（万）	库存（件）	追踪线（条）	买方（组）	A级案（件）
月目标累计达成	目标				售	售	买	
	达成							

	项目	委托	附表	业绩	有效行程				派报	追踪线
上周目标达成检讨	目标				D	E	S	扫楼		
	达成				D	E	S	扫楼		

续　表

	委托：　件			附表：　张			业绩：　万元		有效行程			
	案名	预计	实际	案名	预计	实际						
下周目标设立									D	E	S	扫楼
							追踪线：					
							派报：					
							加油站					

店（组）长：＿＿＿＿＿＿＿＿＿＿　　　　　区主管：＿＿＿＿＿＿＿＿＿＿

专业点评

　　上述日、周、月的管制报表是店长管理员工最重要的工具之一，通过报表管制，对员工的工作绩效掌握得一清二楚。在日报表的情况下又有相关周报表和月报表，通过报表形式催促员工产生业绩，且利用不同时间节点不同报表管理员工，也帮助员工进行自我管理，通过个案调查表，让员工在比较清晰的报表指引下了解待售房源的优缺点。

个案调查表和回报管制表

个案调查表1

客户代码		客户姓名			身份证号	
出生日期		性　别	□男 □女		建档日期	
国籍		家庭成员（大人）		家庭成员（小孩）		
电话		宅电		手机电话		
电子邮件		户籍地址				
户籍邮编		联络地址				
邮政编码		代理人		代理人电话		
代理人地址				代理人邮编		
来源方式	□来店　□拜访　□电话　□开发　□扫楼　□扫街　□同行开发　□物业保安 □客介　□网络　□其他_____					
媒　体	□电视　□报纸　□电台　□杂志　□户外看报　□开发信　□车厢　□广告 □夹报　□派报　□其他_____					
备　注						
隔间材料	□木料　□砖块　□其他_____					
室内格局	□正方形　□长方形　□其他_____					
室内装潢程度	□全新　　□八成新 □五成新　□老旧		外饰建材（正面）			
外饰建材（侧面）			外饰建材（背面）			
厨具样式	□三件式　□五件式　□其他_____					
浴缸数量	□一套　□一套半　□两套　□其他_____					
客厅地板建材			主卧房地板建材			
卧房地板建材			浴室地板建材			
厨房地板建材			客厅地板建材			
主卧房平顶建材			卧房平顶建材			
浴室平顶建材			厨房平顶建材			

续　表

客厅墙面建材		主卧房墙面建材	
卧房墙面建材		浴室墙面建材	
厨房墙面建材			
募集稿内容			

个案调查表2

委托书编号		委托期间	_____ － _____		证件 合同：	_____	□产权证　□预售
建筑名称		新房区分	□现房　□陈房　期房交房日期：_____				
物件地址		_____区_____路_____弄_____号_____室					
建筑类型		□公房　□住宅楼（公寓）　□多层　□小高层　□高层　□办公楼　□商住楼 □别墅　□联体　□独幢　□双拼　□错层　□复式　□板式　□厂房　□店铺 其他_____					
总面积	m²	建筑面积	m²	室内面积	m²	室外面积	m²
隔间	_____房_____厅_____卫 _____阳台_____其他		面临街 道宽度	米	所在楼层		
建筑楼层（地上）		建筑楼层（地下）		当层 户数	竣工日期		
房屋总价	万元	房屋报价	万元	付款方式		管理费	
贷款					贷款标志	□有　□无	
土地权属	□使用权全部　□使用权部分　□租赁　□其他				交易形态	□中介　□代理 □交换　□其他	
土地性质	□使用权全部　□集体产权 □出让产权（年）　□其他		土地产权年限			委托 形式	□专任 □一般
现况	□空屋　□自用　□租赁　□施工中				交屋情况	□商谈　□立即	
其他建物			庭院	□有　□无	庭院面积		
电梯	□有　□无	共用电梯户数			共用电梯数		
停车位	□无　□私有　□可租　□可购_____元						
出售原因	□方便上班　□子女上学　□刚换居住环境　□面积不足　□老旧　□出国 □处分闲置房产　□急售　□其他_____						

续　表

附属设备	□壁橱　□酒柜　□电话　□空调　□电视　□沙发　□冰箱　□热水器 □管道煤气　□床　□灯饰　□液化气　□其他_____	
经纪人		备注	

回报管制表1

委托书编号：　　　　案名：　　　　产品属性：□A　□B　□C　□D　页次：

屋主姓名	□境内 □境外_____	□产权证明 □身份证明				代理人姓名 □授权书		
屋主电话	手机： 住家： 公司：	面积		平方米	委托期间：		
		房型		／／	续约期限：		
代理人电话	手机： 住家： 公司：	朝向	□南□北□东□西 □_____		委托价：		行情价：
标的地址					议价进度		议价 目标：
屋主地址 （代理人住址）							回报 上限：

	日期		回报内容／屋主反应		十大优势	十大劣势
蜜月期	／	拜		内部		
		电				
	／	拜				
		电				
	／	拜			机　会	威　胁
		电				
	／	拜		外部		
		电				
	／	拜				
		电				
	／	拜				
		电				

续 表

日期	回报内容 / 屋主反应		日期	回报内容 / 屋主反应	
/	拜		/	拜	
	电			电	
/	拜		/	拜	
	电			电	
/	拜		/	拜	
	电			电	
/	拜		/	拜	
	电			电	
/	拜		/	拜	
	电			电	
/	拜		/	拜	
	电			电	
/	拜		/	拜	
	电			电	

补充事项	贷款		维修基金		带看方式：□key在□店头□联络_____
	□无 □有_____万元		□送 □不送_____元		物业管理费：_____
	特约条款			其他事项	

回报管制表2

日期	回报内容 / 屋主反应		日期	回报内容 / 屋主反应	
/	拜		/	拜	
	电			电	
/	拜		/	拜	
	电			电	
/	拜		/	拜	
	电			电	
/	拜		/	拜	
	电			电	

续　表

日期		回 报 内 容 ／ 屋 主 反 应	日期		回 报 内 容 ／ 屋 主 反 应
／	拜		／	拜	
	电			电	
／	拜		／	拜	
	电			电	
／	拜		／	拜	
	电			电	
／	拜		／	拜	
	电			电	
／	拜		／	拜	
	电			电	
／	拜		／	拜	
	电			电	
／	拜		／	拜	
	电			电	
／	拜		／	拜	
	电			电	
／	拜		／	拜	
	电			电	
／	拜		／	拜	
	电			电	
／	拜		／	拜	
	电			电	
／	拜		／	拜	
	电			电	
	电			电	
／	拜		／	拜	
	电			电	

六 业务协调准则

业务协调准则

一、同店客户之业绩计算

1. 甲同人无法亲自带看，而交代乙同人带看且成交，销售比例7：3（甲同人为3）。

2. 甲同人交代给乙同人带看后，客户仍与甲同人成交接洽且成交，销售部分比例为7：3（甲同人为7）。

二、友店PASS客户之业绩计算

1. 甲店以电话PASS客户给乙店，由乙店带看且成交，销售比例为7：3（甲店为3）。

2. 甲店以电话PASS客户给乙店，由乙店带看后，客户仍与甲店接洽成交，销售部分比例为7：3（甲店为7）。

3. 甲店约客户带看乙店案源，带看后客户竟与乙店接洽，乙店应立即联络甲店，由甲店处理，若征得甲店同意仍交由乙店处理且成交，销售比例为3：7（甲店为3）。

三、客户找错人（店）时之处理方式

1. 非指名状态下，完全归属接待同人（接待店）。

2. 事前指名者，应事先联络被指名者，由被指名者处理。

3. 若无法联络到被指名者，接洽者应将事先由告知该店主管（友店需告知被指名者所属单位同人），并立即为客户服务，成交后销售部分比例为7：3（接洽者/店为7）。

4. 知情不报者另予处分。

四、信息和委托案件

1. 提供信息者，业绩之分配无时间限制，若同人离职，则信息部分之业绩归属原店，奖金充作公积金。

2. 委托签订期限不得超过三个月，每次续约亦不得超过三个月。

五、调店业绩归属问题

1. 同人调店原信息和库存归属原店，经纪人仍为该同人。

2. 就销售而言：不管销售过程为何，销售归属于收定（斡旋）时所归属之店。

六、买卖委托认定标准

有委托书、有产证复印件、有身份证字号。

七、租赁委托认定标准

1. 以电脑上KEY in 的时间最早的为准，但须有详细物件地址，房东方及联系电话。

2. 提供信息即在电脑上完整KEY in的开发者店成交业绩的30%；销售方占70%（所有带看及后续皆由销售方做）。

八、其他规定

1. 店东介绍客户，案件成交，店东可领取客户方佣收的10%作为店东交际费补贴，实绩减少，业绩不变。（实收以扣除10%店东交际费后金额认列）

2. 中人费的处理：中人费中须扣除营业税，余下的部分，用发票来换领。如无发票，则以薪资的形式进行发放，其个人所得税按税法规定代扣代缴。

3. 店内如无客户要找的房源，可与其他分店进行沟通，寻找相关案源。如公司内找不到合适的房源，只有在经过区主管同意的情况下，才可与同业合作。

在友区或店主管提供明确客户需求房源的情况下，合作的分店须在一小时内给予回应，否则在区主管同意后可与同业合作。

第四章

建立高效机制，
明晰经营各方责权利——

委托
经营
管理

消费者与房地产中介机构达成协议，委托—代理关系随即产生。

服务·信息·措施
中介机构为消费者提供满意的服务，消费者则配合中介机构提供相关信息并支付对应的费用，在实际的交易中中介机构拥有信息优势，易产生逆向选择及道德风险问题。解决此类问题需要建立信号传递与筛选系统，加强行业标准、代理人信用担保机制的建立，严厉处罚违规行为并制订激励合同。

一 委托经营实行依法、自主、分开管理的步骤

第一步：预定契约

发生委托经营行为，首先必须签订委托契约，即以法律合同的形式载明委托人的权利和意志、收益人的收益方式与范围、受托人的责任以及三方当事人的权利和义务等事项，受托人必须以委托契约为依据来对受托对象和受益人履行。

第二步：委托自主管理处置委托对象

在企业委托经营关系中，受托人受托期间拥有委托财产的名义所有权，受托人有权在

保证实现委托人意志的前提下，自主管理和处置委托对象。

第三步：分开管理

受托人的自有财产与委托经营财产分开管理。

二 建立四大机制合理组合生产要素

① 竞争机制：培养良好竞争氛围

通过竞争由市场配置委托方和受托方，实现生产要素的合理组合，特别是在自然人受托经营上，要探索建立自荐、考核、竞争、公认、任用、监督等程序、办法的有效形成机制。

② 激励机制：提升双赢概率

通过合理设计代理契约，明确代理人（受托人）的责、权、利，给予代理人最佳的行为激励，具体对受托法人一般可实行利润分成形式，对受托自然人可比照"经理年薪制"由双方协商确定。

③ 风险机制：约束不违法行为

风险抵押金交纳额度在坚持既能达到制约受托方经营行为，又使其能够承受的原则下，尽可能加大力度，由双方协商确定。

4 约束机制：保证运营顺畅

采取委派监事、定期公布企业经营状况，年度经由有资格的审计中介机构进行审核，使代理人的命运与其所管的资产的经营状况密切挂钩，使资产的保值增值状况成为他们个人命运的决定性因素。

实现稳妥委托经营的五大步骤

步骤❶ 确定委托经营的对象

受托主体和委托企业一般应有产品、技术和经营上的联结基础，以便形成联结纽带。同时，还要围绕受托主体技术改造和扩大生产能力的需要，选择委托企业，以充分利用现有的土地、厂房、生产经营设施和熟练职工，尽快形成新的生产能力。

步骤❷ 进行清产核资

委托企业一经确定，就要由经济综合管理部门、主管部门和国有资产管理部门组织清产核资，并进行资产评估。一时来不及评估的企业，可以当前账面数为准。评估后应由国有资产管理部门现场确认，核实国有资产和国家资本金，并下发文件将资产确定额划转到受托主体，实行委托经营。

步骤❸ 签订委托经营契约

为了明确委托经营双方的责、权、利，在办理委托手续时，应签订具有法律效力的契约文本。主要内容应包括：第一，委托经营的期限；第二，委托经营的目标；第三，委托期内开展的主要工作；第四，委托经营双方的权利和义务；第五，委托经营资产收益的确定与分配方案；第六，委托经营罚款条款。

步骤4 受托主体开展经营活动

视委托企业的具体情况而定，一般可采取以下运作方式：

第一，整顿领导班子，改善经营管理，帮助企业进行人员培训，聘用高级管理人员，调整企业内部组织结构和完善规章制度等。

第二，选择适销对路的新产品、具有发展前景的好项目，进行产品和技术的更新换代。最好是受托主体的产品扩散，也可根据市场需求，培植新的经济增长点。

第三，注入启动资金。以少量的增量投入，盘活现有的存量资产。

步骤5 委托经营到期后的后续工作

契约到期后，经过严格的考核审计，可以继续实行委托经营，也可以进一步实施兼并，还可以由受托主体整体收购。若条件成熟，委托主体可以采取股权回购的形式，依靠自身力量组织生产经营。

一 委托经营协议书①

委托经营协议书

甲方：上海××房地产经纪有限公司

乙方：

乙方代表人：

　　甲乙双方在平等、自愿的基础上，经友好协商，就乙方委托甲方对其投资中介营业门店（以下简称"该门店"）进行经营管理的相关事宜达成如下协议：

　　一、乙方将委托甲方进行经营管理的中介营业门店所在地位于：

---

① 适用于投资者投资时使用的版本。

1. _____店：_____

2. _____店：_____

3. _____店：_____

二、委托经营的形式为：乙方出资并委托甲方全权对该中介门店进行经营管理。

三、委托经营管理的期限：自本合同签订之日起至_____

四、具体权利义务

1. 乙方应在甲乙双方此前签订的加盟协议的基础上全权委托甲方对该门店进行经营管理（具体可参照加盟合同）；

2. 甲方在经营管理期间，应从乙方的利益出发，在不违背相关法律的前提下从事经营管理，不得有故意损害乙方利益的行为；

3. 甲方应在为乙方经营管理期间为乙方开设专门账户，用于营业期间钱款的进出，确保专款专用；

4. 委托经营期间所有的赢利依双方签订的加盟协议进行分配，所有的支出及亏损亦由乙方承担。

五、关于该商铺的约定

1. 该商铺仅能用于××不动产的加盟店，且以××不动产的品牌进行经营；

2. 甲乙双方之间的加盟协议无论以任何形式终止或解除的，则乙方应于加盟合同终止或解除日起10日内支付相关租金及使用费用后，按正常使用后的状态返还出租方。

六、其他约定

1. 乙方应在甲方为其经营管理该中介门店期间准备足够的营运金；

2. 若任何一方要变更本协议的，则应提前两个月书面通知另一方。

七、乙方代表人：_____

注：鉴于乙方的主体尚未确定，所以乙方相关权利、义务均由乙方代表人享有或承担，待乙方主体确定后，乙方补盖签字及公章。

八、本协议履行过程中，若发生争议的，则双方应协商解决；协商不成的，应提交人民法院审理。

九、本协议一式两份，甲乙双方各执一份。

十、本协议一经甲乙双方签字即生效。

甲方：上海××房地产经纪有限公司 乙方：

代理人： 代理人：

联系方式： 联系方式：

地址： 地址：

日期： 日期：

二 委托经营管理方法

利润中心制度又称目标责任中心制度，是指以利润中心概念为基础实施的利润中心制度。这种制度不仅仅是一种公司组织形式的简单再造，更是一种管理制度的再造。利润中心制度是在公司内部划分若干个不同的利润中心的组织形式及其相关的管理制度安排。

委托经营管理办法

第一条　为了适应房产中介业的发展与变革，更好的服务加盟商，本公司特推出委托经营管理的方式。本方式本着自愿、合理、公平的原则。

第二条　委托加盟即加盟商全权委托本公司进行经营管理，所有权和经营权清楚分割。双方将采用合约制《委托经营协议》、利润中心制《合理分配利润》、预算制《规范的财务制度》，设立专门的账户专款专用。

第三条　加盟商以委托管理的方式全权委托本公司进行经营管理，管理的权限包括所涉及的人、财、物等各方面。

第四条　加盟商不得以任何形式对本公司的经营管理进行介入。

第五条　本公司在委托管理过程中，只以加盟商的名义向客户提供服务并承担责任。

第六条　本公司在经营管理过程中所产生的相关费用均由加盟商承担。

第七条　其他权利义务及相关费用：

1. 委托加盟需要支付经营管理费：弥补前期亏损后之盈利每季税前提25%。（单店进行核算）

传统的预算支出是按照谁开支（即什么部门）和开支限额安排到哪里（即人员经费、公用经费、设备开支等）去的方式安排的。这可以称之为投入预算设计。而在计划项目预算制中，支出按方案分类，并把各类方案尽可能和确认的政策目标相靠拢，因此可以冲破部门边界进行统一设计，同时把方案的结果和投入相联系，有利于提高预算支出的效率。

2. 委托经营可提供30个新进人员的免费职前训和入职训。

3. 免费提供体系内的店长和资深员工。

4. 提供统一的财务流程。

第八条 特许加盟（一般型、换招型、投资型）可以委托我公司经营管理，其中投资加盟必须委托我公司经营管理。

第九条 委托经营管理必须以遵行《加盟管理办法》为前提。当"委托经营管理办法"与"加盟管理办法"发生冲突时，以"委托经营管理办法"为准。

第十条 此办法解释权归××不动产公司。

 # 委托经营加盟财务管理制度

委托经营加盟财务管理办法

一、为保证本公司与加盟店财务管理的高效和有序，特制定本办法。

二、公司总经理、各加盟商或授权负责人（以下简称加盟店负责人）和财务部按此规定完善实施财务管理。

三、公司财务对加盟店之管理完全依照本公司财务管理制度执行。

四、在财务部的协助下，加盟店负责人于每月26日完成预算，提交公司财务部，由财务部编制总体预算计划提交公司总经理、董事长审批。年度预算按月分项目制定，预算项目应包括：营业收入、人员工资、奖金、房租、差旅费、交通费和办公用品等费用。（具体要求见预算表）

五、加盟店负责人负责制定本店的预算，并对经批准的预算执行负责。

六、加盟店所有的款项支付都须经审核批准。经批准的预算在执行中不须再经加盟商逐笔签字同意，但对预算外的款项支付则必须经加盟店负责人签字同意并符合公司审批程序后方可支付。

七、加盟店所有款项的收入均先由公司代收，每月3日、17日（遇节假日顺延）与加盟店对清代收款项后，将代收款项划回加盟店并由加盟店同时开具收款收据。

八、公司对加盟店应收加盟管理各款项结算的周期为每月1～31日。公司财务将根据结算期内业务发生记录进行计算，并填列收款清单提交加盟店，经加盟店负责人确认无误后，每月5日（遇节假日顺延）收取相应款项并开具发票。

九、加盟店财务人员严格执行公司财务管理制度及本管理办法。

本试行办法自颁布之日起执行。

第五章

低投入高效益
实现资本优化组合——

复杂的房地产中介行业环境中，正确的企业战略是决定企业兴衰的关键要素，特许经营模式因其独特的优势在国内中介企业中得到了广泛认同。

特许经营管理

形式·规定·统一经营

将自己所拥有的商标、商号、产品、专利和专有技术、经营模式等以特许经营合同的形式授予被特许者使用，被特许者按合同规定，在特许者统一的业务模式下从事经营活动，并向特许者支付相应的费用。

一 特许经营的优势——促进中介企业发展

优势1 低成本投入，高效益回报

实现品牌资源共享以及利用体系的规模效应，降低自身运营成本。在房地产中介行业，以较少的投入而能享有一个值得信赖的国际大品牌，拥有特许经营体系内丰富的房地产住房资源以及大量、集中的广告支持，和来自体系的专业而长期的培训指导，这与一个中小型中介公司单独在竞争激烈的市场上苦苦奋争相比，其结果是不言而喻的。受许人由于购买的是已获成功的运营系统，可以省去自创业不得不经历的一条"学习曲线"，包括选择赢利点、开市场等必要的摸索过程，降低了经营风险。特别是对缺乏经验的创业者来说，受许人可以在选址、设计、员工培训、市场等方面得到经验丰富的特许人的帮助和支持，使整个企业的运营迅速走向良性发展阶段。而特许经营公司的获利点也是多方面的，除了在受许人加盟时可一次性获取受许人交纳的加盟金外，特许者还可按一定比例或定额从特许店营业额中提取经营管理费，并在对特许店进行配送及培训时收取一定数额的利润或费用等。

优势❷ 升级模式，为企业发展提供保障

特许经营不是传统的"代理"或"经销"模式，特许经营对投资和经营所带来的益处明显高于"代理"和"经销"，甚至可以说特许经营战略为企业的发展提供了"可靠性、可行性、正确性"的保障。

二 房地产中介公司防范三大风险才能发挥连锁优势

在目前国内房地产中介直营向特许连锁快速转变的形势下，对房地产中介特许方和体系的发展来讲，存在着三大风险，这些风险需要在具体的动作中加以注意和防范，只有解决好这些问题，才能够发挥房地产中介业特许连锁的优势，达到最终的经营目的。

房地产中介特许方存在的3大风险

风险❶ 品牌风险

品牌是房地产中介公司最宝贵的财富，代表着中介企业的未来，能够带来客户，是中介企业取得竞争优势的主要途径之一。谁拥有品牌，谁就拥有客户，拥有市场占有率。好的中介特许经营品牌，是通过长期优质诚信的服务，在顾客心中形成的认知，它是一种无形资产，是特许经营的基础。在房地产中介特许经营中，特许方将品牌授权给授许方使用，在有些时候，个别授许方会过度考虑自身的短期利益，做一些有损品牌形象的事情。树立品牌需要中介企业长期积累，但毁坏却可以非常容易。这些短期的行为会给品牌带来伤害，影响其他特许者的长期利益。

风险❷ 服务质量风险

消费者买房租房，之所以找房屋中介，是相信中介可以提供专业的服务，所以说房地产中介是专业化的服务业。谁能够为消费者提供优质的服务，他就能够获得顾客的满意，并且获得源源不断的房源和客户推荐，从而提供市场占有率和自身的竞争优势，但如果在特许经营运作过程中，特许者不能够很好的处理好质量方面的问题，就会给体系和品牌带来很大的损害，使特许事业难以为继。一方面，中介从业人员素质较低，加盟的房地产中介的基础较薄弱；另一方面，加盟者的独立运作倾向较直营连锁大，控制难度也就较大，从而增加了服务质量管理的难度和风险。

风险❸ 快速扩张风险

快速扩张是加盟连锁的优势之一，但在发展特许加盟的过程中也要防止扩张速度过快，否则会引起一系列问题，如特许者支持不到位、加盟店良莠不齐，甚至出现某些加盟者欠费不交的现象。此外，由于授许人的独立拥有和经营，某些加盟者有时会存在过度的独立自主倾向，导致加盟店之间商业信息分享不充分，没有整体合作意识，市场步调难以统一，最终会降低特许加盟事业的发展。

选择特许经营的正确方向，谋求双赢

❶ 特许人：以品牌优势和绩优人才形成核心竞争力

（1）建立优势品牌

优秀的品牌意味着值得信赖的服务能力和服务承诺。这种获得客户认可的品牌，不是一朝一夕就能建立，而是靠无数客户在相当长的时间内，接受了该公司的经纪人或其他服务人员向他提供符合甚至超越其要求的房地产中介服务之后，不断强化而形成，因此优势的品牌是房地产中介进行特许经营首先应具备的核心竞争优势。

（2）处理好三大参与者的关系，保持与加盟者良好稳定的关系

任何房地产中介企业日常经营中，必然涉及"客户、员工和公司"三大参与者间相辅相成的关系，只有在合适的经营下，才能使三者长期、共同、有序、和谐的发展，这样一种经营模式，不经过长期摸索，不断完善，并且形成一套自我发展的机制，是无法进入到成熟可用的状态的，更不用说复制到其他发展状况不同的地区去，让当地的受许者来使用。因此，一套成熟的，可以使受许者在最短时间内形成基本服务能力，并为今后其在当地长期发展打好扎实基础的模式，也是非常重要的核心竞争优势。

（3）培养出资深绩优的人才

特许经营在中国发展的时间短，由于其组织上的特殊性，它要求有先进管理、财务、法律等方面的专业人士，也要有特许上的专门人才。由于当地受许人在获得特许后，在当地用特许人的品牌和成熟模式经营，其经营的成功与否，很大程度上影响到其他地区的特许经营的发展，而由于地区房地产市场及发展阶段的不同，使得再强大的经营模式也会因为各种原因而不能充分发挥其应有的效能，因此特许人能否派出具有相当实际经验的辅导人员，针对不同的市场特点，提出针对性的经营调整意见，使受许人在当地的事业能够顺利发展，作为一种核心竞争优势同样不可或缺。

❷ 受许人：维护自己权利、扩大品牌影响力的三大武器

武器1：熟悉自己的权利，制订好特许经营合同

在特许经营协议中，往往特许人实力雄厚，受许人财单力薄，双方当事人经济力量悬殊，因此受许人要知悉自己的权利，订好特许经营合同。如在协议期间，受许人有对商标、商号名称的使用权，并有权分享其经济利益。受许人有权要求特许人保护其对商标、商品名称的使用权，保护商标、商号的信誉。特许人应当负责商标的注册并支付由此发生的费用。协议终止时，受许人行权要求特许人购回未出售的属于特许人商标的商品或其他货物。

武器2：及时反馈各种信息，指导企业运营

受许人是信息的收集者，他将客源和房源进行汇总，全部传递到总部的信息管理中心，不同受许人的信息在总部汇集，才能反映出整个体系的运营状态。有了这些反馈上来的信息，总部才能充分了解公司所占整个市场的市场份额，及时掌握整个体系所有加盟店的动态，制定公司下一阶段的战略方针，调整公司的扩张进度。根据科学分析，占领10%的市场份额是一个公司保持赢利的最佳状态，而有利润的市场才是公司的最大目标，因此信息的有效传递成为公司决策的基准，因而成为受许人对总部不可缺少的责任之一。

武器3：提高公司品牌，提升市场中的影响力

房产中介受许人在加入特许经营体系取得应用该体系的营业名称使用权并学习了有关业务的经营技巧，受许人应该通过扩大市场，增加客户群为自身和特许人争取最大的赢利，从而提高公司品牌在市场中的影响力。

管理工具箱

一 特许经营合同

特许加盟连锁经营合同书

<u>上海××房地产经纪有限公司</u>　(以下简称甲方)

<u>　　　　　　　　　　　　　　　</u>(以下简称乙方)

<u>　　　　　　　　　　　　　　　</u>(代表人)

（鉴于签订本合同时乙方的公司主体尚未确立，待乙方公司名称确立后双方用印补登乙方公司名称）

本合同乙方事先审阅，乙方确认知悉其内容无误。

代表人签名：<u>　　　　　　　　</u>日期：<u>　　　　　　　</u>

第一条　宗旨

为发展不动产事业，为维护（××不动产）的信誉和品质，双方愿意并经协商后共同订立本合同的条款，以资双方共同遵行。

第二条　法律地位

甲方授权乙方在规定区域使用甲方的服务商标及名称，乙方按照合同约定支付各种费用。服务商标、名称及图案的所有权为甲方所有。甲方对乙方有管理和监督的权利。乙方具有独立的法人资格，实行独立核算。

第三条　授权权限

1. 甲方授权乙方使用_____商标及上海××不动产_____加盟店为乙方对外公开使用的服务商标及名称。

2. 乙方可从事经营范围允许的上海房地产(含土地、房屋)的买卖、租赁、置换、管理等与房地产相关的中介经纪；上海市以外的经纪活动须有甲方的书面同意，否则视为乙方违约，乙方承担违约责任。

3. 乙方应以上海××不动产___加盟店与乙方公司名义，从事上述授权经营的中介业务。

4. 乙方与客户所签订的各式委托的合同书，应使用甲方提供的标准制式合同书，以乙方公司名义签订，并由乙方自行负签约的法律责任和承担相应的法律责任。

5. 乙方应于营业场所明显处，及所有名片、文具、文宣广告、用品等，还有与不动产相关的文件上，明确加注"加盟店"或"每一家加盟店皆为独立经营的个体"的标志。

6. 乙方未经甲方书面同意，不得将"××不动产"的字样用作公司名称的一部分，乙方及其股东或关联企业的正式（或非正式）公司注册名称（或非注册名称）不得使用相同或近似字样和标识。

第四条　授权营业区域

1. 甲方授权乙方于合同期限内可以设立_____家加盟店，具体地址为：上海市_____路_____号。

2. 涉及加盟店的数量及营业地的变化由双方另行签订相关补充协议。

3. 乙方以加盟店地区为主展开营业活动；未经甲方书面同意，乙方不得在其他地点设立以"××不动产"为名的分支机构或办事处。

4. 甲方设店标准系依区域发展性而定，原则上每__百米或每__户得设一店，但实际设店状况仍需依各区市场成熟度而定，相关解释标准依甲方确认为准。

第五条　加盟店营业场所

1. 乙方所选的加盟店营业场所，应征得甲方的书面同意。

2. 乙方选定营业场所后，不得任意迁移；如需迁移，应先以书面要求向甲方提出申请，甲方有权同意或不同意该项申请。

3. 乙方不得在营业场所从事任何非本合同授权的业务。

4. 乙方加盟店租赁营业场所的，租赁合同内容由乙方自行负责并保证确定不影响本合同的加盟关系。如甲方认为有必要可参与签订租赁合同，确定乙方退店或权利移转时，甲方或受让人可以继续取得租用权利。

第六条 加盟店店内设计及装修

1. 为确保"××不动产"品牌的一致性，乙方加盟店店头的招牌须符合甲方的企业识别系统，且招牌、公示、形象墙等所载文字、图形、尺寸、颜色均须经甲方审核后始得设立，换修时亦同。乙方不得拒绝甲方的整改方案。

2. 在合同期内，关于店面隔间装修的变更，也应依前项约定办理。

3. 乙方应尽管理人的义务注意保管招牌，以免损害他人的生命、身体或财产；如有损坏，应负维修、安全的责任，并负责恢复原状。如因乙方未尽保管的责任，致损害他人生命、身体或财产，乙方应负损害赔偿责任。

第七条 合同的有效期间

1. 本合同的有效期间自签订之日起至20__年__月__日止，为期五年。

2. 本合同期限届满前，双方愿意续约，应提前六十日通知另一方。双方应另行签订加盟连锁合同。

第八条 对甲方商标及名称的维护

1. 乙方应维护甲方的整体形象。乙方使用的所有物品（含文宣、广告），凡有使用××不动产名称及商标，须经甲方统一制作及发行。另甲方有权修改商标及名称。

2. 乙方为营业而使用的名片，应符合甲方的标准格式；该标准格式由甲方制定和修改；乙方不得私自印刷名片，应由甲方统一印刷。

3. 对于甲方所提供的各种合同书、表格、文件、文宣用品等，乙方不得任意更改或复制。

4. 乙方应于使用××不动产标志时并同加注如本合同第二条所规范的加盟店名称，并且在包括但不限于名片或其他相关广告、文宣品上注明"各加盟店均为独立拥有及经营"等字样。

第九条 加盟店教育训练

1. 甲方应为乙方新进员工提供职前教育训练课程；为乙方在职员工提供必要的各级教育训练课程或其他训练课程，乙方及相关人员可以根据其实际需要决定参加与否；若要参加相关培训，则应提前通知甲方。

2. 关于职前教育训练、各级教育训练或其他训练课程的内容、课时、收费标准、材料费等相关咨询，由甲方于开课前提前5日通知乙方。

第十条　加盟金

1. 本合同的加盟金为人民币＿＿＿万元整，乙方于签约时一次支付甲方。如在合同期间乙方停业或合同提前终止，此加盟金不予返还。

2. 如乙方不按照约定支付加盟金，甲方有权解除本合同。

第十一条　加盟店履约保证金

1. 乙方签约的同时，应交付甲方履约保证金人民币＿＿＿＿＿＿＿＿＿＿＿元整。

2. 乙方交付甲方的保证金，作为乙方遵守本合同的各项约定履行保证，如乙方违反本合同及甲方的加盟连锁经营的相关制度，以及发生客户投诉、诉讼、仲裁争议的解决、工商税务等国家机关的查处，甲方为解决此类事项所发生的费用，甲方有权直接从保证金中扣除，乙方不得持有任何异议。乙方应在费用发生后的30日内将费用直接支付给甲方，以确保保证金的数额充足；若客户投诉、诉讼因甲方明显过错导致，则甲方应承担相应的责任。

3. 若乙方保证金不足以偿还或扣抵甲方的损失，甲方有权要求乙方补足。乙方应在收到甲方书面通知后十日内补足，否则视同违约。甲方可以要求乙方及乙方保证人负连带清偿责任。

4. 如在合同期间乙方有停业、合同提前终止或其他违约行为，此保证金不予返还。

5. 合同期限约届满，如乙方不愿续约且未有违约行为，甲方无息退还履约保证金。

第十二条　管理费

1. 乙方应每月向甲方支付的管理费人民币＿＿＿＿＿＿元整，指乙方取得甲方××不动产的服务商标及名称使用权以及甲方维护服务商标、企业形象、公共关系、信息使用、签约服务、客户服务等相关服务的费用。

2. 乙方应于次月五日前将应缴付的管理费汇至甲方指定账户，并将收执联回传甲方。

3. 甲方可依市场实际状况，在合理范围内调升或调降收费。

4. 如乙方迟延缴付管理费，每迟延一日，乙方应当向甲方支付月管理费3%的滞纳金。如乙方连续两个月不交付管理费，视为乙方违约，须承担相关违约金，甲方有权解除合同。

5. 如乙方没有通过甲方的签约中心为其买卖双方签订买卖合同及办理相关交易手续或不使用甲方提供的编号合同文本或不使用合同文本，而单方收取客户中介费的，均视为乙方不诚信，甲方有权解除合同，并没收履约保证金。

6. 乙方应支付的管理费及相关收费标准见附件一（略）。

7. 甲方给予乙方的各项回佣制度见附件二（略）。

第十三条　甲方的权利义务

1. 甲方的权利

（1）甲方有权向乙方收取加盟金、履约保证金、管理费及其他各种服务费用。

（2）为实现××体系下各门店的服务标准化、同质化，甲方有权对乙方所需的相关人员进行统一的招聘、培训、教育、输出等；同时甲方有权对其提供的相应服务收取相应的费用。

（3）甲方有权通过相关的财务制度，对乙方的经营状况进行监督。

（4）甲方有权对乙方的经营活动进行监督。甲方有在正常营业时间内通知检查乙方业务资料、报表文件、企业识别系统及经营等权利，如发现乙方违法或违规经营，甲方有权要求乙方限期改正；乙方拒绝检查或不于限期内改正时，以违约论。

（5）甲方通知乙方提供各类业务、人员、合同、报表、单证或工作人员与甲方进行各方面的配合，乙方不得拒绝。

（6）乙方违反本合同约定，侵犯甲方合法权益、损害××不动产名誉和品牌的行为，甲方有权解除合同。

2. 甲方的义务

（1）甲方应按照本合同约定授权乙方在许可的名称、权限、时间、地域内进行经营。

（2）举办职前教育训练与各级教育训练或其他训练课程。

（3）甲方有义务为乙方提供人力方面的相关支持，包括但不限于人员招聘、输出培训等。

（4）甲方有义务协助乙方建立相关的财务制度，并为其提供相应的财务咨询。

（5）不动产法律、税费释疑。

（6）各种标准化的合同书、表格、文件、宣传用品等制式物品的企划设计及制作。

（7）提供不动产市场信息的咨询服务。

（8）××不动产的品牌维护及推广。

（9）甲方汇集所有加盟店的房产信息资源，乙方可在遵守房产信息共享规则的前提下，获取房产信息。

（10）甲方应协调各加盟店进行有序的业务竞争。

（11）如在某项业务中，为了维护××不动品牌的整体利益，甲方有权要求乙方放弃相应项业务，但甲方有义务就乙方的损失进行相应补偿。

第十四条　乙方的权利与义务

1．乙方的权利

（1）在合同约定的范围内使用甲方商标品牌标志对外从事房地产经营活动。

（2）有权获得甲方提供给加盟商的相应商业信息和商业秘密。

（3）有权获得甲方提供的相应的服务支持：

①人力方面：相关人员的招聘、培训、输出等；

②法律方面：相关格式文本的使用、相关法律法规的咨询、相关业务的协办、相关纠纷的处理。

③财务方面：相关制度的完善、相关信息的咨询。

2．乙方的义务

（1）严格按照合同及甲方相关规定开展营业活动。

（2）严格遵守甲方关于加盟店的相关管理制度及规定，包括但不限于《加盟管理办法》《加盟店人事管理办法》及财务、法务等相关的管理制度及规定。

（3）按照合同约定支付加盟费、履约保证金及商标管理费及其他甲方给予乙方提供的服务支持的相关费用。

（4）按照合同约定支付加盟费、履约保证金及管理费及其他甲方给予乙方提供的服务支持的相关费用。

（5）有义务维护××不动产的名誉和统一形象。

（6）乙方不得在××不动产体系内通过任何方式从事不正当竞争，破坏××不动产体系内有序的经营环境。

（7）参加甲方所举办且列为相关项目的教育训练。

（8）乙方应严守甲方和全体加盟连锁店的营业机密。此营业机密包括但不限于在会议、研讨会、培训课程、会谈等材料中所透露的各项讯息、运作模式、客户资源。乙方应管制其雇员同样严守上述营业机密。

第十五条　合同的转让

1．合同转让的情形：

（1）乙方将本合同中甲方许可的权利或将加盟店出售、转让、转租；

（2）乙方与第三方合并或兼并；

（3）乙方委托或转让他人负责经营。乙方的现有股东转让股份，应被视为本合同的转让；

（4）乙方所有者的继承人委托第三人经营；

（5）转让的其他形式。

2．转让的处理

（1）乙方在转让时应向甲方提交书面申请；

（2）甲方对乙方的转让及受让对象均同意并作出书面同意通知，乙方才可以转让；

（3）甲方同意转让，受让对象应支付甲方当时加盟权利金20%的转让费。

第十六条 加盟店及总部竞业禁止

1．乙方及其关联企业于合同有效期间内，不得开设或经营除加盟甲方之外的从事房地产经纪相关业务的企业，亦不得开设与甲方类似之地产经纪加盟体系相关之公司或以直接方式加盟类似甲方之地产经纪加盟店体系。

2．本条所称乙方，包括签约当事人、股东及其配偶。

3．乙方在××不动产体系内所聘用的新人员，须经××体系店长或甲方的书面同意，否则乙方不得聘任××体系离职半年以内的工作人员。

第十七条 对客户的投诉、客户与乙方诉讼和仲裁案件的处理

1．客户投诉时，乙方应配合甲方完成调查。调查结果乙方确有违规情节时，乙方应依甲方的指示和顾客解决纠纷。

2．乙方所遇涉及甲乙利益的诉讼、仲裁案件，应及时向甲方书面报告。由甲方的顾问律师进行起诉、应诉、仲裁。如甲方律师因客观原因不能进行代理，乙方才可向社会聘请律师。如遇乙方客户之间发生纠纷，由客户决定律师的聘任。如果涉及乙方的服务费，则乙方只能使用甲方法律顾问，以维护甲乙双方的利益。乙方应负担所有费用（含律师费用及诉讼费用）及损失。

第十八条 合同的终止

1．乙方在合同期内提出解除合同或经甲方同意或乙方停业，应于三个月前以书面形式开工通知甲方。否则乙方自合约终止或停业之日起应继续交纳三个月的所有费用。乙方提出停业申请前，应先行缴清所有欠款。

2．乙方有下列情形之一的，甲方可解除本合同。

（1）各种应缴款项，延迟三十日未缴者。

（2）拒绝甲方的业务稽核、不依限期改正或再犯同样错误的。

（3）乙方不履行甲方所要求的营业方式者。

（4）本合同的有效期间开始六个月内未开始营业者或开始营业后六个月内无故停止营业累计达10日的。

（5）损害甲方的商誉或信用行为情节严重的。

（6）违反加盟店竞业禁止约定者。

（7）未经甲方同意转让本合同的。

（8）乙方宣布破产或进行清算的。

（9）隐瞒营业收入和收服务费不入账的。

3. 甲方有下列情形之一的，乙方可解除本合同。

（1）不按约定授权乙方在许可的名称、权限、时间、地域内进行经营。

（2）不提供制式委托的合同书、广告文宣用品的。

（3）未提供职前教育训练、在职教育训练的。但乙方未给付费用者，不在此限。

4. 合同终止后，乙方应立即拆除店招及足以表彰甲方体系之识别物。且乙方明确，店招及足以表彰甲方体系之识别物的所有权归甲方所有，因此甲方有权自行或委托他人至乙方加盟店营业场所处拆除店招、灯箱等识别物，乙方不得阻止，且拆除的相关费用由乙方负担；若因乙方阻止所产生的一切法律责任均由乙方承担。

若因乙方违约致使甲方依本合同相关约定单方解除合同，则自甲方解约通知寄发之日起3日后有权进行上述拆除行为。

第十九条　合同的终止处理

1. 本合同终止后，乙方不再享有甲方授予的××不动产的权利。

2. 乙方对于××不动产服务商标及××不动产加盟店商号标识、制服及各项文件、物品应立即停止使用。有关属于甲方的物品，应于一个月内完全返还甲方。

3. 本合同终止后，乙方立即拆除乙方营业场所内、外布置与招牌上一切图案、商标及标识。

4. 制式空白名片、领带、卷宗夹等物品，若属全新而未曾使用者，甲方应以全价收回。

5. 乙方应签具服务商标、制式用品不再使用及店招拆除的退店承诺书，保证不再使用印有甲方商标及名称的一切用品。

6. 保证金退还：乙方如没有违约行为，甲方无息退回。

7. 本合同的终止或届满或解除后3日内，乙方不拆除店招标志的，以及不办理退出加盟手续的，乙方应向甲方支付违约金，违约金的数额为加盟金的十倍。

第二十条　违约损害赔偿及履约保证金的处理

1. 乙方若违反本合同的各项条款，甲方有权单方解除本合同，并没收乙方履约保证金。若甲方另有损失，乙方及其保证人仍须连带负损害赔偿的完全责任。

2. 乙方于本合同有效期间内，非经甲方同意乙方不得任意终止本合同；否则甲方有权没收保证金作为惩罚性违约金。

第二十一条　合同争议的管辖

双方因本合同产生的争议，均应本着友好协商的原则处理。若无法协商，双方同意通过法院解决。

第二十二条　连带保证人

1. 乙方应提供甲方认可的保证人＿＿＿＿＿＿（具公务人员资格或提供不动产证明文件者）作为乙方履行本合同的连带保证人。

2. 若因可归责于乙方的事由，致甲方负连带赔偿责任者，甲方可要求乙方连带保证人连带责任。

第二十三条　合同的生效日期

本合同自甲乙双方或其合法授权人签字或盖章时即生效。本合同一式两份，甲乙双方各执一份，具有同等效力。

甲方：　　　　　　　　　　　　　　乙方：

代理人：　　　　　　　　　　　　　代理人：

地址：　　　　　　　　　　　　　　地址：

电话：　　　　　　　　　　　　　　电话：

乙方连带保证人：

身份证号：

户籍地址：

联络地址：

联系电话：

＿＿＿＿＿年＿＿月＿＿日＿＿＿＿订立　　　＿＿＿＿＿年＿＿月＿＿日＿＿＿＿订立

本内地特许经营合同系从台式特许经营合同中脱胎而来，相关约定更切国内目前特许情况实际，但台式版本应从台湾版本转化而来，台湾地区特许行业发展较久，遇到情况多，所以在合同中将可能发生的情况都约定清楚，对保护特许人权益是比较好的。还有美资特许经营合同，美资合同中一般将商标授权单独签署合同作为特许经营合同的附件，其版本级别更高、更规范、更符合法律规定。不过由于我们现各法院系统也是在最近几年才开始有特许经营案件，很多法院都没有受理特许经营案件的资格，特许人和被特许人都还在成长摸索中，简单版本的特许经营合同更受大家喜欢和接受，法院也不会因没有签署商标授权合同而判定特许经营合同无效，所以对这个新兴行业来说，从最简单的开始，保证诚信可能比繁杂的合同更符合实际操作。

二　加盟流程图

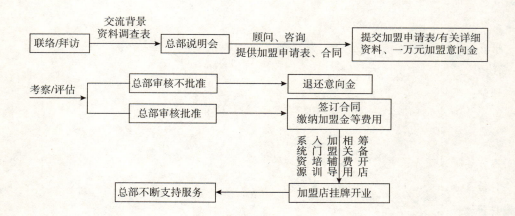

加盟意向书

加盟意向书

甲方（加盟方）：

代表人：

乙方：上海××房地产经纪有限公司

甲乙双方在平等、自愿的基础上，经友好协商的就甲方拟加盟乙方的相关事宜达成如下协议：

一、加盟意向的基本情况

申请加盟方	（若主体尚未注册登记，则待注册登记后补填）		
加盟方代表人		证件名称及号码	
加盟店数量		加盟年限	
加盟方式选择		□ 委托加盟	□ 特许加盟
门店开设意向区域			
门店开设的特殊要求			

二、意向金支付与返还相关规定

1. 鉴于乙方将通过一定的人力、物力、财力协助甲方为其在门店开设意向区域的范围内寻找相应的店铺，甲方为表示其加盟诚意，特支付乙方意向金计人民币贰万元整（RMB 20000）作为乙方进一步开展相关工作之用。

2. 本意向书有效期为___天，自___年__月__日起至____年__月__日止；该期限内甲方得随时向乙方查询相关工作进展情况，乙方应积极配合。

3. 甲方或乙方在上述有效期内没有找到相应的店铺的，则乙方应在上述有效期届满之日起三个工作日内将甲方支付的意向金无息返还甲方。

4. 甲方或乙方在上述有效期内找到相应店铺的，且甲方认可并与乙方签订好加盟合同的，则乙方应于签订加盟合同之日起三个工作日内将甲方支付的意向金无息返还甲方，或双方协商于签订加盟合同将相应的意向金转为甲方支付给乙方加盟的相关费用。

5. 乙方在上述有效期内找到相应的店铺，但甲方不在该相关店铺开店的，且不与乙方签订相关加盟合同的，乙方有权将甲方支付的意向金没收，作为违约金处理。

三、甲乙双方确认：乙方协助甲方寻找的相关店铺是指符合本协议约定的门店开设意向区域及甲方提出的门店开设的特殊要求，详见本协议第一条。

四、甲乙双方及甲方代表人确认：签订本协议时，若甲方尚未设立相应的公司，则本合同主体中甲方先予空缺，待甲方办妥相应公司注册后，再补填；若合同履行过程中出现争议的，且甲方尚未补签同时又要承担相应责任的，则相关责任由甲方代表人承担。

甲方代表人签字确认：_____

五、甲方在和乙方接触过程中，知悉乙方相关信息及商业秘密的，应当负有保密的义务；未经乙方同意不得以任何形式、任何理由透露给第三人，否则应支付乙方人民币伍万元的违约金。

六、在履行本协议过程中发生争议的，则双方应协商解决；协商不成的则提交法院。

七、本协议一经甲方或其代表人与乙方签字即生效。

八、本协议一式两份，甲乙双方各执一份。

甲方（加盟方）：   乙方：

代表人：   代表人：

代表人证件号码：

联系地址：   联系地址：

联系电话：   联系电话：

日期：   日期：

四 加盟管理办法

加盟管理办法

第一章 总则

第一条 为了规范公司的经营行为，使公司的经营管理高效、有序的进行，同时也为了保护双方当事人的合法权益，特制定本办法

第二条 本办法遵循公平、诚信、信用的原则。

第二章 品牌维护

第三条 加盟商使用的所有物品，凡有使用××不动产名称及商标，必须由公司统一制作和发行。

第四条 为营业而使用的名片，应符合公司的标准格式。不得自己私自印刷，应由公司统一印刷。

第五条 应使用公司提供的各种合同书、表格、文件、文宣用品等，不得更改或任意复制。

第六条 加盟商未经本公司的书面同意，不得将"××不动产"的字样用做其公司名称的一部分。加盟商及其关联企业的正式公司注册名称不得使用相同或近似"××"字样和标识。

第七条 加盟店招牌灯箱的起讫时间须统一，夏令时：19：00—23：30，平时：18：00—10：30；有特殊情况的，可延长时间。

第三章 人员管理

第八条 加盟店的工作人员由公司统一招聘和培训。

第九条 本公司为新进人员提供"职前教育训练"，对在职员工提供必要的各级教育训练的课程或其他训练课程。

第十条 关于培训的内容、课时、收费标准、材料费等相关资讯，详见《加盟店人事

管理办法》。

第十一条　加盟店东可以推荐员工，但必须经过总公司的面试、培训合格后方可上岗。

第十二条　本公司免费提供15个新进业务人员的职前及入职教育训练。

第十三条　所有业务员工招聘及体系内的店长、资深员工的人才输出的收费标准详见《加盟店人事管理办法》。

第四章　财务管理

第十四条　加盟店在经营管理过程中，向公司及时提供真实的财务状况。

第十五条　加盟店必须严格按照公司合同规定的标准开展营业活动，同时按合同约定支付加盟金、保证金、品牌使用月费及其他费用。

第十六条　保证金在五年签约期满后退还，违约不予退还。

第十七条　加盟金按标准一次性收取，不予退还。

第十八条　在本公司财务部的协助下，加盟店店东于每月28日完成预算，提交公司财务部，并对经批准的预算执行负责。

第十九条　加盟店所有的款项支付都须经本公司审核批准。

第二十条　加盟店所有款项的收入均先由公司代收，每月对清代收款项后，将款项划回加盟店。

第二十一条　公司将门店人员一旦确定，自门店租赁合同签订之日起，开始计算人员工资。

第五章　门店设计与装修

第二十二条　为确保"××不动产"品牌的统一性，加盟店营业场所的店内装修与布置，应由公司提供相关费用的预算，经加盟店店东确定后，再由本公司指定配合厂商承包并施工。

第二十三条　加盟店店头的招牌须符合本公司的企业识别系统，且招牌上的文字、图形、尺寸、颜色均须经本公司审核后方可设立，换修时亦同。

第二十四条　加盟店店东应尽管理人的义务，注意管理、保管招牌，如有损坏，应负维修、安全的责任，并负责恢复原状。

第六章 加盟经常性费用

第二十五条 经常性费用：

项目 ＼ 类型	委托加盟	特许加盟
区主管派任费	暂无	无
签约咨询费	××元/件	
软件维护费	××元/店	
诉讼管理费	诉讼案件必须由总部聘请的律师处理，案件胜诉后总部收取10%作为管理费用，其他收入记入业绩实收	

备注：1. 未列明的其他费用以合同文本为准；
2. 原则上每4家店配备一名区域主管；
3. 区主管派任费中的盈余指企业所得税税前盈余。

第七章 竞业禁止

第二十六条 加盟店店东在合同有效期内，不得开设与本公司类似的不动产加盟店体系。

第二十七条 加盟店店东在合同有效期内，不得以直接或间接的方式加盟类似本公司的不动产中介加盟店体系。

第八章 争议处理

第二十八条 客户投诉时，加盟店店东应配合公司完成调查。调查结果属其有违规情节的，依公司的指示和顾客解决纠纷。

第二十九条 所遇涉及与公司利益的诉讼、仲裁案件，应及时向公司书面报告。相关的法律程序如公司因客观原因不能进行代理的，方可向社会聘请律师。如所涉及与客户之间发生纠纷的，由客户决定律师的聘任。

第九章 附则

第三十条 若委托本公司经营管理，须再遵行《委托经营管理办法》。

第三十一条 本办法解释权归××不动产加盟事业部。

加盟管理办法是特许经营中很重要的管理规范，可以这么说，特许经营合同不过是加盟管理办法的补充，是发生纠纷时利益的保障，而特许经营管理办法才是日常经营过程中的"尚方宝剑"，对特许总部的普通员工来说，是按加盟管理办法对加盟店管理和服务的，所以在办法中可以约定很多细项服务，对具体服务标准，包括在特许经营中的衍生服务，衍生服务收费标准等都可以约定，这样可以让员工在为加盟店服务时有章可循，有"法"可依。

五 商标许可使用协议

商标许可使用协议

许可方：

(以下简称"甲方")

受许方：

(以下简称"乙方")

甲乙双方根据中国《商标法》第26条和《商标法实施细则》第35条的规定，就甲方许可乙方使用商标事宜，现达成如下协议：

第一条 甲方附件一所诉说的注册商标在上海区域内具有使用和分许可使用的权利，现将该注册商标许可乙方使用。

第二条 乙方使用该注册商标的范围仅限于商标注册时对核准的商品和服务，且不能超越乙方依据甲方授权以×××加盟店名义经营房地产中介业务的范畴，除非甲方事先书面同意；乙方按本协议规定使用该注册商标，不必向甲方支付商标使用费。

第三条 乙方仅得在_____经营房地产中介业务时使用该注册商标，使用期限为本协议签署之日起五年。若此期限超过商标的有限期，注册商标续展后，乙方的许可使用期限持续计算。

> 商标有效期是10年，如果还想继续使用该商标，必须在到期前6个月或后6个月内提出商标续展。每次续展，有效期为10年，续展次数不限。

第四条　甲方有权监督乙方使用注册商标的商品和服务的质量，乙方应当保证使用商标的商品和服务质量。

第五条　乙方必须在使用注册商标的商品上和服务中标明企业的名称和商品产地。

第六条　乙方不得任意改变注册商标的文字、图案和其组合，并不得超过许可的商品和服务的使用范围使用甲方的注册商标。

第七条　乙方使用该注册商标标识的提供方式须遵守国家法律法规及各项规定。

第八条　如《加盟特许经营合同》因任何原因提前终止，本协议自该合同终止日起亦自行终止。

第九条　本协议未尽事宜，应按照甲乙双方签订的《加盟特许经营合同》处理，如本协议与该协议存在冲突，以《加盟特许经营合同》为准。

第十条　与本协议有关的一切争议应提交中国国际贸易仲裁委员会仲裁，该委员会的裁决是终局的有约束力的。

第十一条　本协议一式五份，甲乙双方应在本协议签订后三个月内向县级工商局提交一份备案，甲方应向中国国家工商管理局商标局提供一份备案，备案费用由乙方承担。

第十二条　本协议于_____年____月____日签署生效。

许可方：

法定代表人（或授权代表）：

受许方：

商标许可协议按相关法律规定，任何一个特许经营行业在招收加盟商时都应与加盟商签署该商标许可协议。由于我国目前很多特许经营人从业时间不长，对相关法律了解不多，且商标注册时间较长，需要3年左右才能注册成功，很多特许人在商标注册成功前就已经开展特许经营业务了，所以很多特许经营人都没有签署商标许可协议，再加上授权商标还要备案，太过烦琐，大家对商标授权往往会放在特许经营合同中一并约定，不再另行特别约定了。不过随着市场日渐规范，有条件的特许经营商可以考虑将商标许可协议单列出来签署并按相关法律规定办理备案手续。

六 调解委员会规则

调解委员会规则

一、调解委员会组织规则

第一条　为公平、公正、有效地解决××不动产加盟体系内的相关争议，成立××不动产调解委员会，以协调及评议方式解决纠纷。

争议包括：

（1）各门店之间业务合作上的争议；

（2）各门店之间人员流通上的争议；

（3）各门店之间物件流通上的争议。

第二条　调解委员会设委员九人，其中四人由××不动产上海总部选任；其余五人为加盟店店东，由各加盟店推荐并选举产生。另设候补委员三名，由加盟店店东担任。调解委员会主任由××不动产上海总部客服中心兼任。

第三条　调解委员会委员每届任职期限为一年，可连选连任。

第四条　调解委员会委员应依调解委员会的通知，参与调解工作，如有三次未按通知参与，则委员会主任有权取消其委员资格，并由候补委员代替。

第五条　加盟店店东担任调解委员会委员，在任期若未出现本规则第四条之情形，××不动产上海总部将给予其名片上印制"××不动产调解委员会委员"职衔。委员出席调解委员会调解工作，给予其车马费补助100元/次。

二、调解委员会工作程序

第六条　加盟店申请本会调解，应提交书面的调解申请书，列明具体的请求事项和所依据的事实、理由并附相关的证据材料。

第七条　本会收到申请人提交的申请书后，认为确属本规则第一条规定的争议事项，应在五日内予以受理，并以书面形式向申请人发送受理通知书。

第八条　本会向申请人发出受理通知书后，在五日内向被申请人发送调解通知书，并连同发送调解申请书副本及附件。

第九条　被申请人收到调解通知书后，应在通知书规定的期限内向本会提交答辩书及相关的证据材料。

第十条 被申请人有权提出反请求，反请求应当以书面形式作出。

第十一条 本会以公开的方式对争议事项进行调解，经通知后申请人与被申请人均应到场参加调解。

第十二条 本会有权根据争议案件的复杂程度指定三名以上委员组成调解庭，主持争议事项的调解工作。

第十三条 调解庭主持调解工作应当遵循以下原则：

（1）在双方当事人平等自愿的基础上进行调解；

（2）调解应依据《加盟契约书》及其附件的相关约定和基本原则和精神，并遵循相关法律法规及政策的规定；

（3）调解应本着诚实信用的原则，并且不得损害公共利益。

第十四条 调解委员会主持调解工作应当遵循以下纪律：

（1）不得徇私舞弊；

（2）不得泄露当事人的隐私及商业秘密；

（3）不得侮辱、处罚当事人。

第十五条 调解庭进行调解应当制作调解笔录，如实记录当事人双方的意见和观点，当事人或代理人应当在调解笔录上签字。

第十六条 经调解庭调解成功，当事人双方就争议事项达成一致的，由调解庭制作调解协议，双方当事人或其代理人签字即生效。

当事人双方意见分歧较大，就争议事项无法达成一致的，由调解庭根据双方所提交的证据材料及相关事实进行评议，并根据评议结果制作评议书，对双方的争议作出最后评定，双方当事人均应遵守调解庭作出的评议书来执行。针对拒不执行者，公司将给予扣罚保证金或卸招的处罚。

三、附则

第十七条 本规则由××不动产调解委员负责解释，由××不动产上海总部负责修改。

第十八条 本规则自＿＿年＿＿月＿＿日起施行。

七 区域合作品牌协议

合作协议

甲方：上海××房地产经纪有限公司

乙方：××房地产经纪有限公司

甲乙双方在平等、自愿的基础上，经友好协商，就甲方与乙方合作开展房地产经纪行业的相关事宜达成如下协议：

一、合作范围

1. 双方合作经营"××××房地产经纪有限公司"品牌。

2. 甲方允许乙方使用"××"及"××房地产"及"××房地产总部"全衔为其对外公开使用之服务标章及名称。上述服务标章和名称是甲方及其创立者多年经营运作之成果，甲方对其依法享有版权、企业名称权等合法权利，允许乙方使用，希望乙方得以共享甲方之资源及经营技术，以期甲、乙双方共同获益。

服务标章为我国台湾地区的一个法律概念，也就是我国《商标法》所说的服务商标。服务标章注册证也就是服务商标的注册证。

3. 甲方允许乙方使用"××"及"××房地产加盟店"的服务标志从事在××区域市范围内的房地产（含土地、成屋）之买卖、租赁、代理、策划、咨询、经纪等业务。非经甲方书面授权，乙方不得从事上述列举项目之外的业务。

二、合作地点

双方合作经营上述品牌的地址仅限于：

1. 在_____区域内开展"××房地产××区域"地产区域直营及加盟特许经营业务。

2. 在_____区域内房地产（含土地、成屋）之买卖、租赁、置换、整体房屋之预售、企划、法院拍卖案件等经纪业务。

3. _____区域总部地址为：_____。

三、合作经营权限

1. 乙方应以"××区域××房地产"区域总部名义，从事上述区域内加盟连锁经营或区域直营经纪业务。

2. 乙方同意甲方对"××房地产"地产标志及系统的权利、名称、利益保有永久权。

3. 甲方拥有对于乙方制作印有甲方名称或标志之文献、加盟合同、符号及其他物件之内容、外观的事先批准权，乙方在未获得甲方批准之前，不得使用甲方之名称或标志，但甲方不得不合理的禁止，并且会考虑上述区域当地的一般商业行为、法律及风俗。

4. 除乙方现有之经营门店外，乙方与客户所签订之各式加盟合同书、委托合同书，应使用甲方提供之标准制式或甲方认可之加盟合同书、委托合同书，以甲方公司名义订定，且相关合同文本须交至甲方处。

四、合作期限

1. 双方合作期限自____年____月____日至____年____月____日；

2. 合作期满，乙方须与甲方正式签署《加盟店连锁经营合同》（但合作期满后，经营亏损者，双方合作解除，不再续签《加盟店连锁经营合同》）；

3. 合同期限届满，双方不再续签《加盟店连锁经营合同》的，不得以"××房地产"名义继续营业，如有违反，应当赔偿甲方相应的损失。

五、合作费用

1. 在合作期内，乙方现有之经营门店（相关门店地址详见双方附件）可免费使用甲方提供的名称和标志，无须支付品牌使用费；

2. 合作期内，乙方新开设之加盟店或直营店须支付甲方人民币_____元整的加盟金和每月人民币_____元整的品牌使用费。

六、合作方式

1. 乙方使用甲方所有的"××房地产"品牌经营在××区域地区经营房地产经纪业务以及直营及加盟特许经营业务。

2. 乙方应遵行甲方规范之企业识别系统（内容参照甲方CIS标准化手册）。为维护整体形象及CIS，乙方自行设计之所有物品（含文宣、广告），凡有使用"××房地产"地产名称及标章者，须经甲方同意后始得制作及发行。另甲方有权修改CIS，乙方应配合这些修正。

3. 对于甲方所提供之各式契约、书表、文件、文宣用品等，乙方不得任意更改或复制。经甲方同意者，不在此限。

4. 乙方未经甲方书面同意，不得将"××"或"××房地产"以及与之相近似的字样用做公司名称的一部分。

5. 全国性研发费用：

（1）全国性广告研发费用计收标准为：每家营业店每年支付人民币____万元。自签订本协议之日起第二年起开始计收；

（2）若有全国性专案广告，则由中国总部集合各区域总部召开专案会议制定广告方案及费用，费用最高不得超过区域总部年度营业额____%。

6．资讯系统费用：

（1）资讯系统发展建构费：乙方作为××区域××房地产区域总部，应向甲方支付资讯系统发展建构费人民币____万元。本合同签订之日一次性支付。

（2）资讯系统使用服务费：乙方作为"××房地产"××区域区域总部，每发展一家加盟店或直营店，均需在资讯系统安装并使用15日之前向资讯系统所有权人（甲方指定之软件公司）支付年度软件信息服务系统服务费用____万元。否则，以违约论。自该加盟店签订加盟契约书起由该加盟店自己向甲方指定之公司缴纳信息系统服务费用，该费用每年一付。

七、甲方义务

1．KNOW-HOW的提供与支持：

（1）适时供给乙方计划、商标、商业机密和应用以上三者的商业技术（KNOW-HOW手册），在合约生效的180天内，甲方会提供陆续提供上述内容。在乙方区域总部将KNOW-HOW手册本土化（转为适合当地区域）的过程中，甲方予以协助架构。

（2）随时让乙方知道甲方针对"××房地产"地产系统所做的一切修订、改变及执行方法。

（3）在业务成立、推展、宣传乃至维持期间，提供给乙方适度的顾问指导。

2．在本协议签订后的180天内，甲方协助乙方进行区域总部运营之策略、方案、规划、作业标准等发展运营事项的架构，并对乙方招募之人员进行相关的辅导培训。

3．甲方负责乙方区域总部资讯系统之架构，该资讯系统含对外网站、资讯管理系统、内部信息管理系统等项目。

4．甲方在授权区域内不得再授权给除乙方外的其他个人或公司使用甲方之标志及系统。此外，除非有法律上的需要，甲方亦不得将此份不得公开的合约内容透露给其他个人或团体。甲方亦将以合理方式防止在其他区域获得甲方系统及标志使用权之个人或公司在乙方授权区域内使用甲方系统与标志。

5．甲方同意以诚信、道德的态度履行其义务。乙方区域总部运营期间任何时候所提出

"know-How"又称专有技术或技术诀窍，是指未公开过的，未取得工业产权法律保护的，以图纸、技术资料、技术规范等形式提供的制造某种产品或应用某项工艺以及产品设计、工艺流程、配方、质量控制和管理方面的技术知识。"know-How"是一种重要的无形资产，能够为企业创造财富。

的合理要求，甲方必适时给予顾问指导。

6. 此份由甲方签署的合约将不会违反甲方与其他公司所订下的合约或承诺。

7. 甲方会自费采取必要措施以保有其注册商标或许可凭证，以应现在或将来的商标授权法或其他相关法令。

八、乙方义务

1. 乙方之企业性质为有限责任公司，股东及股份的分配如下：_____。

2. 乙方如有任何股东或股份变更者，必须在30天内以书面通知甲方；如股份变更超过51%，甲方有权利单方面解除及终止合约。

3. 乙方须在签约时出具其至少具有净值人民币____万元以上的资产证明，作为履行本协议的保证，并保证在合同有效期间内维持至少该数字以上的资产净值。如乙方提供的证明是房产，必须与甲方前往产权交易中心办理抵押登记手续，且确认一旦乙方违约，甲方可直接执行该房产。

4. 乙方开展加盟，其每一家加盟店所签署之"××房地产加盟合同"须与甲方签订，合同原件归甲方所有，由甲方保存方。

5. 乙方同意依据由甲方公司所制作并核准之供应商方案指导来设立并执行经核准之供应商方案。乙方必须评估并选择有良好商誉之地产产品供应商及制造商来制造有甲方标志之物品或相关服务，以出售给加盟店及一般大众。

6. 乙方应配合甲方，将甲方所提供之服务和产品，落实于日常之经纪业务与顾客服务中，若经甲方说明该产品与服务对于房地产经纪业务为必要性产品或服务时，则上述产品与服务，乙方应自费取得：①取得甲方认为是必需的产品和服务，包括但不限于计算机软件或硬件；②在收到甲方通知后90天内使用上述产品和服务。但甲方提供的产品和服务应仅限于善意或正当的商业目的，且应适当考虑乙方的经济承担能力。

7. 乙方应使用甲方指定之资讯服务系统，乙方还应确保各营业店均使用甲方指定之资讯服务系统，并按本合同约定及时支付相关费用。

8. 乙方同意所有自行发展、制造或由"××房地产"文件而发展出之一切训练教材、手册、文件、影片、报告表格、录影带、海报、广告及所有出版品，包括信函、录影带、杂志及其他所有物品均自动成为"××房地产"之资产。乙方同意如有必要将注册证明甲方为一切材料的真实所有人。在解除本协议后，甲方或其指定之公司将自动获得拥有此材料之权利，并可使用或授权他人使用上述资料，但乙方仍不失对其自行发展的上述资料之使用权。

9. 乙方在得知有任何个人或团体使用甲方名称或相似名称，或使用甲方商标或服务标志或以其他方式及程序产生侵害甲方版权之事宜时，须立即向甲方回报。此行为包括已与乙方解约之加盟店仍使用甲方之公司名称或服务标志。甲方公司获知在授权区域内有任何个人或团体有使用甲方名称或标志时，亦将立即通知乙方。

10. 乙方同意其一切商业行为均须合法。

11. 乙方应依甲方要求，每季度提供一份营业及收支平衡表，该财务报表需经合格会计师签字，以证明内容真实无误。

12. 合作期满，乙方经营顺畅，且有赢利的，则乙方必须与甲方签署《加盟店连锁经营合同》，且甲方有权利在考虑乙方的综合经营情况后，选择不收购或分期或一次性收购乙方10%～51%的股份。如甲方希望收购，则收购价格以甲方聘请的中资评估机构评估价格与乙方聘请的外资评估机构的评估价格的平均值为基准，甲方在考虑乙方经营的其他情况后，以该平均值的价格购买相应股份，乙方如有分支机构，分支机构多者，可相应按较高价格收购。乙方对甲方的此等权利，有义务配合并执行。

13. 合作期两年内，如乙方仍然经营亏损者，甲方有权单方面解除本合作协议。

九、双方关系

1. 甲乙双方为分别独立之经济实体，产权上并无从属关系，双方对彼此之债务或其他义务均不负任何责任。

2. 所有因乙方或乙方区域总部营运或其营业店及其员工运作而产生的法律问题，甲方得免予一切责任或费用。甲方若受牵连涉入诉讼，乙方应承担所有费用及损失。

3. 乙方因营业店营业所需之各项营业费用（如水电费、邮电费、交通费、旅费、薪资、奖金、文具用品费、税费、租金、缮费、利息费用、广告费、保险费等）均由乙方自行负担。

十、违约责任

甲乙双方任何一方违反上述约定，且守约方发出书面通知后10个工作日内，违约方仍不进行改正者，守约方可单方解除本协议，违约方应支付守约方人民币_____元整的违约金，如有相关损失，违约方还应承担相应的赔偿责任。

十一、争议解决

在履行本协议过程中发生争议的，双方应协商解决；协商不成的，双方同意提交上海仲裁委员会进行仲裁。

本协议自甲乙双方签字之日起生效。协议一式两份，甲乙双方各执一份。

甲方： 　　　　　　　　　　乙方：

代表人： 　　　　　　　　　代表人：

代表人证件号码： 　　　　　代表人证件号码：

联系地址： 　　　　　　　　联系地址：

联系电话： 　　　　　　　　联系电话：

日期： 　　　　　　　　　　日期：

区域授权连锁加盟合同

区域授权连锁加盟合同

本合同于____年____月____日在_____签订。

甲方：_____

乙方：_____

本合同乙方事先审阅，乙方确认知悉其内容无误。

乙方代表人签名：_____ 日期：____年____月____日

第一条　宗旨

甲方已获得了使用在第36类服务项目上的第3224565号图形商标__和文字商标[____]的所有权（以下简称为××商标），且始创及拥有对消费大众提供不动产中介服务的独特制度（以下简称为××中介制度），并有权将××商标及××中介制度进行授权使用。

此项××中介制度系属商业秘密，其内容如下：

（1）与××商标相配套的不动产中介服务有关的业务拓展方法。

（2）与不动产中介服务有关之销售资料，包括但不限于客户名单、委托物销售方式、销售渠道等。

（3）由甲方及其受许人使用的卓越拓展业务方法。

图形商标是指仅用图形构成的商标。图形商标的特点是比较直观，艺术性强，并富有感染力。图形商标还有一大特点，就是不受语言的限制，不论哪国人讲何种语言，一般都可以看懂。

文字商标是指仅用文字构成的商标，包括中国汉字和少数民族字、外国文字和阿拉伯数字或以各种不同字组合的商标。文字商标特点是比较简明，便于称谓，有的词表示一定的含义，可以使商品购买者产生亲近之感。文字商标还有使用人名签字商标和企业名称缩写的。这种商标能使人对其商标的所有人加深印象，直接知道其商品的生产者或经营者，从而树立企业形象。文字商标也有其不足之处，就是受着民族、地域的限制。

（4）由甲方及其受许人使用的业务作业方法资料、相关规章、管理手册，包括但不限于涉及业务相关的行政、财务、人事等相关制度。

（5）由甲方制订及推行的各类格式合同、各项报表等。

（6）××企业识别系统。

（7）市场整合行销传播。

（8）执行本制度，推展本制度、修改本制度及记录保存的程序。

（9）保障客户交易安全之程序。

同时，××物业有限公司对××中介制度所作之改良、所作之新规定及制度调整等规定，同样被视作是××中介制度的一部分，视同为甲方所制定及推行的制度，乙方也愿意完全遵守该制度。

故双方为发展不动产加盟店事业，维护××商标的信誉和品质，愿意并经协商后共同订立本合同的条款，以兹共同遵行。

第二条　法律关系

1. 甲方授权乙方在规定区域使用甲方的该服务商标，乙方按照合同约定支付各种费用。××商标所有权为甲方所有。甲方对乙方有监督的权利。

2. 乙方具有独立的法人资格，实行独立核算。本合同不得解释为有合伙、合资或关联企业的关系，甲方与乙方之间无代理或表见代理的关系，亦非互为保证人，一方不得为他方的债务负责。非经甲方的特别书面授权，乙方无权代甲方作任何承诺或陈述。

第三条　授权权限

1. 甲方授权乙方使用××商标及与××商标相配套的××中介制度，并以"××房产_____加盟公司"为全称对外公开使用以发展当地房屋中介服务。

2. 甲方授权乙方全权代理××房产在本合同约定的区域内的加盟拓展事业。乙方以××房产品牌在_____省_____市区域内发展××房产加盟店，授权区域的加盟店由乙方自主招募。乙方有权授权其招募之加盟店使用××商标及××商标相配套的××中介制度，并以"××房产_____加盟店"为全称对外公开使用以发展当地房产中介服务。

3. 乙方及其招募之加盟店与客户签订的各项合同书，应使用甲方提供的或经甲方同意的标准制式合同书，并以其自身公司名义签订，由其自身公司负签约的法律责任。

4. 乙方及其招募之加盟店应于营业场所明显处，及所有名片、文具、文宣广告、用品、不动产相关的文件上，明确加注乙方或乙方招募之加盟店公司名称、"××房产_____总部"和"加盟商/店独立拥有及营运"的标志。

5. 为提高不动产中介的服务品质及为维护××商标及××中介制度在消费大众心目中的地位，甲方可随时修改××商标及制度，或推行修改后的服务商标及制度；改变后的服务商标及制度仍适用本合同。经甲方认可的，由乙方及乙方招募之加盟店对该制度所作的改良，其权利均专属于甲方之财产，甲方对此无须给付乙方任何报酬。

服务商标又称服务标记或劳务标志，是指提供服务的经营者为将自己提供的服务与他人提供的服务相区别而使用的标志。与商品商标一样，服务商标可以由文字、图形、字母、数字、三维标志和颜色组合而构成。它一旦被服务企业所注册，该企业也就拥有了对该服务商标的独占专有使用权，并受法律的保护。

6. 乙方及乙方招募之加盟店可从事经营范围允许的房地产（含土地、房屋）的买卖、租赁、置换、管理等与房地产相关的中介经纪。乙方及乙方招募之加盟店不得在营业场所从事任何非本合同授权的业务。

7. 乙方及其招募之加盟店在_____省_____市区域以外的经纪活动不得使用甲方授权内容。否则视为乙方违约，乙方承担违约责任。

第四条 营业场所

1. 甲方授权乙方于合同期限内所设立加盟事务总代理之具体营业点地址为：_____省_____市_____区_____路____号____（正式开业地址确立时，双方用印补登记此栏）。

2. 基于××房产许可体系的发展及整体受许人的共同利益，乙方所选的加盟总部营业场所，应征得甲方的书面同意。

3. 乙方选定营业场所后，不得任意迁移；如需迁移，应先以书面要求向甲方提出申请，甲方有权同意或不同意该项申请。乙方及乙方招募之加盟店的店面涉及迁移情况，乙方应保证拆除原址所有店招以及足以表明甲方品牌形象之识别物。

第五条 加盟总部内部设计及装修

1. 为确保××商标品牌的一致性，乙方及其招募之加盟店经营场所装修与布置（包括但不限于店招）须符合甲方的企业识别系统，且施工布置设计图纸须经甲方审核后始得施工，换修时亦同。乙方不得拒绝甲方的整改方案。

2. 乙方及其招募之加盟店营业场所的店内装修与布置完工后，须经甲方按照原施工布置设计图进行验收。对于不符合企业识别系统之部分，甲方有权要求乙方限期整改。

3. 若乙方及其招募之加盟店经营场所装修布置的施工布置设计图纸未经甲方审核或店内装修与布置完工后未经甲方按照原施工布置设计图进行验收，导致乙方及其招募之加盟店经营场所店招、标志不符合甲方的企业识别系统，甲方有权对其进行拆除，且相关费用由乙方或其招募之加盟店经营场所自行承担。

4. 在合同期内，关于店面隔间装修的变更，也应依前项约定办理。

5. 若甲方修改其制度，或引进新的修改过品牌、服务、商标、服务标章、中介制度等，如本合同第三条第5项所订，乙方及其招募之加盟店应以自己的费用，制作、安装、使用及张贴此项修改品，如同该物品是签约时即为××中介制度的一部分一般。

6. 乙方及其招募之加盟店应尽管理人的义务注意保管、维护加盟总部的装饰，以免损害他人的生命、身体或财产；如有损坏，应负维修、安全的责任，并负责恢复原状。如因乙方及其招募之加盟店原因，致损害他人生命、身体或财产者，乙方及其招募之加盟店应负损害赔偿责任。

第六条　合同的有效期间

1. 本合同的有效期间自签订之日起至＿＿＿＿年＿＿＿＿月＿＿＿＿日止。

2. ××商标及××中介制度的授权使用期限为＿＿＿＿年＿＿＿＿月＿＿＿＿日起至＿＿＿＿年＿＿＿＿月＿＿＿＿日，为期＿＿＿＿年＿＿＿＿月。

3. 合同期限届满而未续约则依第二十四条规定办理。

4. 本合同期限届满前，乙方有意再行续约时，乙方应于合同期限届满前六十日以书面形式通知甲方。经甲方同意后，始另行续约。

第七条　对甲方商标及名称的维护

1. 乙方了解甲方已在同一区域范围内许可＿＿＿＿＿＿＿＿＿＿＿＿使用××商标及××中介制度，本合同生效后次日，甲方于＿＿＿＿年＿＿＿＿月＿＿＿＿日与＿＿＿＿＿＿＿＿＿＿＿＿签订之《××物业（上海）有限公司单店授权连锁加盟合同》中约定的甲方的权利和义务由乙方接受。乙方应在因同一区域代理而实施全面接管后的十五日内，立即向甲方书面呈报。

2. 乙方及其招募之加盟店应维护甲方的整体形象。乙方及其招募之加盟店使用的所有物品（含文宣、广告），凡有使用××商标，须经甲方审核。另甲方有权修改商标及名称，乙方及其招募之加盟店不得异议。

3. 乙方及其招募之加盟店为营业而使用的名片，应符合甲方的标准格式；该标准格式由甲方制定和修改。

4. 乙方及其招募之加盟店须于使用××商标标志时并同加注如本合同第三条所规范的加盟商、店名称及"加盟商/店独立拥有及营运"字样，包括但不限于：店招、DM、报纸宣传稿、名片或其他相关广告、文宣品。

5. 为提高不动产中介的服务品质及为维护××商标及××中介制度在消费大众心目中的地位，甲方可随时修改××商标及制度，或推行修改后的服务商标及制度；改变后的服务商标及制度仍适用本合同。经甲方认可的，由乙方及其招募之加盟店对该制度所作的改良，其权利均专属于甲方之财产，甲方对此无须给付乙方及其招募之加盟店任何报酬。

第八条 教育训练

1. 所有签订本协议的区域总部负责人均由甲方即××房产中国总部提供定期或不定期的业务培训，以适应市场不断变化的需要。

2. 乙方须根据甲方的指示或市场的变化不定期的对其在本合同约定的区域内招募之加盟店的员工进行业务培训。

第九条 加盟权利金

1. 本款所称之加盟权利金系乙方使用甲方授权之服务商标及××中介制度的使用许可费。

2. 乙方于签订本合同时一次性支付甲方加盟权利金人民币_____元整。

3. 本加盟权利金一经缴付，无论经营时间长短，乙方均不得请求退还。

4. 如乙方不按照约定支付加盟金，甲方有权解除本合同。

第十条 加盟保证金

1. 本款所称之加盟保证金系乙方交付甲方的保证金，作为乙方遵守本合同的各项约定履行保证。

2. 乙方签约的同时，应交付甲方加盟保证金人民币_____元整。

3. 如乙方违反本合同及甲方的加盟连锁经营的相关制度，以及发生客户投诉、诉讼、仲裁等争议以及工商税务等国家机关的查处，甲方为维护其品牌和商业信誉等利益有权积极采取行动，甲方为解决此类事项所发生的费用，甲方有权直接从保证金中扣除，乙方不得持有任何异议。乙方应在费用发生后的三十日内将费用直接支付给甲方，以补足保证金数额；如保证金不足以支付上述费用，乙方除应立即补足差额外，还应立即全额补足保证金。

4. 若乙方保证金不足以偿还或扣抵甲方的损失，甲方有权要求乙方补足。乙方应在收到甲方书面通知后十日内补足，否则视为乙方违约，甲方有权终止本合同，并要求乙方及乙方保证人负连带清偿责任。

5. 如在合同期间乙方有停业、合同提前终止或其他违约行为，此保证金不予返还，以抵作违约金或部分违约金。

6. 合同期限届满，如乙方不愿续约且未有违约行为，甲方无息退还加盟保证金。

第十一条　商标品牌使用月费

1. 本款所称之商标品牌使用月费系乙方每月使用甲方××商标及××中介制度时应缴之费用。

2. 双方同意乙方按下列第____项向甲方交纳月费。

（1）自____年____月____日起至____年____月____日止每月乙方向甲方缴纳本合同授权点_____（回收佣金/合同佣金）总额的____%为商标品牌使用月费。

（2）商标品牌使用月费为人民币_____元/月。商标品牌使用月费按季度提前十天预缴，第一次缴付时间为____年____月____日。乙方须按规定日期将应缴付的商标品牌使用月费汇至甲方指定账户，并将收执联回传甲方。如在合同期内，乙方暂停营业，不影响甲方向乙方收取商标品牌的使用月费。除得甲方同意减免。

3. 乙方每月向其招募的加盟店收取的品牌使用月费（直营店按人民币_____元整/月计算）的____%应按月上缴甲方。乙方根据自己区域内的加盟店（含直营店）数量一并汇总后，应于每月第5日前将财务报表交由甲方查阅，并在当月10日前应向甲方缴纳的费用交至甲方如乙方迟延缴付商标品牌使用月费，每迟延一日，乙方应当向甲方支付每日万分之三的滞纳金及利息。

4. 如乙方迟延缴付商标品牌使用月费，每迟延一日，乙方应当向甲方支付每日万分之三的滞纳金及利息。如乙方延迟三十日不交付商标品牌使用月费，甲方有权解除合同。

5. 如在合同期内，乙方暂停营业，不影响甲方向乙方收取商标品牌的使用月费。除得甲方同意减免。

第十二条　广告推广费

1. 本款所称之广告推广费系乙方缴付给甲方，并由甲方统一安排用于品牌推广、刊登媒体广告（含报刊房源广告）时应缴之费用。此项费用专款专用。

2. 广告推广费为人民币_____元/月。如乙方暂无要求，可按乙方实际要求做广告日起收取。

3. 甲方可依市场实际状况，在书面通知的前提下调升或调降广告推广费。

第十三条 资讯维护费

1. 本款所称之资讯维护费系乙方缴付给甲方，并由甲方统一安排用于网站推广维护、数据库维护、软体研发时应缴之费用。此项费用专款专用。

2. 资讯维护费为人民币_____元/月。

3. 资讯维护费按季度提前十天预缴，第一次预缴时间为____年____月____日。乙方若按规定日期将应缴付的商标品牌使用月费汇至甲方指定账户，则须将收执联回传甲方。

4. 甲方可依市场实际状况，在书面通知的前提下调升或调降收费。

5. 如乙方迟延缴付资讯维护费，每迟延一日，乙方应当向甲方支付每日万分之三的滞纳金及利息。如乙方延迟三十日不交付资讯维护费，甲方有权解除合同。

第十四条 软件使用维护费

1. 本款所称之软件使用维护费系乙方缴付给甲方，并由甲方统一安排用于网站推广维护、数据库维护、软件研发时应缴之费用。此项费用专款专用。

2. 软件使用维护费为人民币_____元/月（若有）。

3. 软件使用维护费按季度提前十天预缴，第一次预缴时间为____年____月____日。乙方若按规定日期将应缴付的商标品牌使用月费汇至甲方指定账户，则须将收执联回传甲方。

4. 甲方可依市场实际状况，在书面通知的前提下调升或调降收费。

5. 如乙方迟延缴付软件使用维护费，每迟延一日，乙方应当向甲方支付每日万分之三的滞纳金及利息。如乙方延迟三十日不交付软件使用维护费，甲方有权解除合同。

第十五条 服务器均摊费

1. 服务器均摊费为人民币_____元整，于甲乙双方签订本协议当日由乙方一次性支付给甲方。

2. 本服务器均摊费一经缴付，无论经营时间长短，乙方均不得请求退还。

第十六条 店东基金

1. 本款所称之店东基金系乙方缴付给甲方，并由甲方统一安排用于举办各种加盟店店东活动之费用。此项费用专款专用。

2. 店东基金为人民币_____元整，于双方签订本协议当日由乙方一次性支付给甲方。

3. 本店东基金一经缴付，无论经营时间长短，乙方均不得请求退还。

第十七条 营业费用

乙方因营业场所经营所须之各项营业费用（如水电费、招牌灯费用、交通费、旅费、薪资、奖金、文具用品费、税费、租金、修缮费、利息费用、广告费、保险费等）及对客户服务所需的费用均由乙方负担。

第十八条　中介服务费率收取标准

1. 存量房屋买卖及新建房屋权益转让：按政府规定收取，且符合甲方所订定之收费标准。

2. 房屋租赁：按政府规定收取，且符合甲方所订定之收费标准。

3. 中介成交物件，即依上列费率标准收费，且乙方须将上述中介服务费收费标准在营业场所明显处公示。如有变更，乙方应于委托或成交前书面通知甲方，并经甲方同意始得为之，否则视为乙方违约。

4. 签约完成时，乙方应向客户开具发票，收取佣金，乙方不得以赚取差价之方式，或私下向客户收取佣金，及以其他名义收取任何费用（例如红包）。

5. 乙方不得伪造、变造或漏开、迟开发票。

6. 乙方未依规定开立发票即为违约。

第十九条　甲方的权利与义务

1. 甲方的权利

（1）甲方有权向乙方收取加盟权利金、加盟保证金、商标品牌使用月费、广告推广费、资讯维护费及其他各种服务费用。

（2）甲方有权要求乙方及其招募之加盟店使用由甲方设计制作的各种标准化合同书、表格、文件、宣传用品等制式物品。

（3）甲方有权进行××商标的品牌维护及推广。（乙方及其招募之加盟店任何违反国家法律法规、规章及行业规范的行为均为有损于××商标的名誉。）

（4）为实现××体系下各门店的服务标准化、同质化、甲方有权对乙方及其招募之加盟店所需的相关人员进行统一的培训、教育、输出等；同时甲方有权对其提供的相应服务收取相应的费用。

（5）甲方有权通过相关的财务制度，对乙方的经营状况进行监督。

（6）甲方有权对乙方的经营活动进行监督。甲方有在正常营业时间内通知检查乙方业务资料、报表文件、企业识别系统及经营等权利，如发现乙方违法或违规经营，甲方有权要求乙方限期整改；乙方拒绝检查或不于限期内改正时，以违约论。

（7）甲方通知乙方提供各类业务、人员、合同、报表、单证或工作人员与甲方进行各方面的配合，乙方不得拒绝。

（8）乙方违反本合同约定，侵犯甲方合法权益、损害××商标名誉和品牌的行为，甲方有权解除合同，并追究乙方的法律责任和经济赔偿。

2. 甲方的义务

（1）甲方应按照本合同约定授权乙方在甲方许可的名称、权限、时间、地域内进行经营。

（2）举办职前教育训练与在职教育训练或其他训练课程。

（3）甲方有义务协助乙方建立相关的财务制度，并为其提供相应的财务咨询。

（4）不动产法律、税费释疑。

（5）提供不动产市场信息的咨询服务。

（6）租赁、买卖等成交合同签订的支援作业。

（7）开店技术经营指导。

（8）甲方须于商标使用许可合同期间严守乙方的营业机密。

注：甲方针对1、2、7之义务酌收合理费用。3、4、5、6、7为甲方应乙方请求提供的服务。

第二十条　乙方的权利与义务

1. 乙方的权利

（1）在合同约定的范围内使用甲方商标品牌标志及××中介制度对外从事房地产经营活动。

（2）有权获得甲方提供给加盟商的相应商业信息。

（3）乙方得商请甲方提供的相应的服务支持：

①人力方面：相关人员的招聘、培训、输出等；

②法律方面：相关格式文本的使用、相关法律法规的咨询、相关业务的协办、相关纠纷的处理；

③财务方面：相关制度的完善、相关信息的咨询；

④开店技术经营指导；

⑤××商标的品牌维护及推广；

⑥不动产市场信息的咨询服务；

⑦在遵守房产信息共享规则的前提下，获取房产信息。

2. 乙方的义务

（1）严格按照合同及甲方相关规定开展营业活动。

（2）严格遵守甲方关于加盟店的相关管理制度及规定，包括但不限于运营、加盟、财务、法务等相关的管理制度及规定。

（3）按照合同约定支付加盟权利金、加盟保证金、商标品牌使用月费、广告推广费、资讯维护费及其他乙方经由甲方提供的服务支持的相关费用。

（4）有义务维护××商标的名誉和统一形象，有义务督促乙方招募之加盟店执行本合同约定加盟店应执行之内容，督促多次无效的应取消加盟店的加盟资质的。

（5）乙方不得在××体系内通过任何方式从事不正当竞争，破坏××体系内有序的经营环境。

（6）乙方有义务为授权地区加盟连锁事业的发展竭尽全力，并依双方所认定之计划全力拓展新加盟店。

（7）有义务接受甲方的指导与监督。

（8）参加甲方所举办且列为相关项目的教育训练。

（9）乙方作为甲方区域加盟事务总代理，应在与其发展的每一家加盟店签订加盟授权合同后十个工作日内将合同的影印本递交甲方存查。

（10）乙方及其招募之加盟店于商标使用许可合同期间及终止后均须严守甲方和全体加盟连锁店的营业机密。若有违反，则乙方须负责赔偿甲方之损失并放弃先诉抗辩权。此营业机密包括但不限于在会议、研讨会、培训课程、会谈等材料中所透露的各项讯息、运作模式、客户资源。本条款之限制及于乙方代表人、受雇人及股东。

（11）乙方及其招募之加盟店未经甲方书面同意不得将××商标及××中介制度出售、转让于第三人。

（12）乙方及其招募之加盟店不得使用与甲方提供的各种标准化的合同书、表格、文件、宣传用品等制式物品内容重叠或冲突的替代品。

（13）乙方有义务配合甲方之需要，随时提供公司之相关财务报表及任何会计师账册。乙方并应据实填报对账表单。

（14）乙方有义务在授权地区配合甲方办理公司名称授权许可之登记。

（15）知悉任何第三方侵犯××房屋商标或甲方合法权益时，乙方有义务以书面形式通知甲方，并配合甲方展开诉讼。

第二十一条　合同的转让

1. 合同转让的情形

（1）乙方将本合同中甲方许可的权利或将加盟店出售、转让、转租。

（2）乙方与第三方合并或兼并。

（3）乙方委托或转让他人负责经营。乙方的现有股东转让股份，应被视为本合同的转让。

（4）乙方所有者的继承人委托第三人经营。

（5）转让的其他形式。

2. 转让的处理

（1）乙方在转让时应向甲方书面申请。

（2）在受让对象同意受让并向甲方做出书面同意通知，且甲方书面同意的情况下，乙方才可以转让。

（3）针对乙方股权的转让、增资，甲方有优先承购权。

（4）甲方同意转让的，乙方所缴纳的加盟金、保证金不予退还，乙方自行向受让对象收取，同时受让对象需向甲方一次性缴纳换约手续费（人民币_____万元整/加盟权利金的_____%，计人民币_____万元整）。

（5）任何未经甲方准许的转让均属无效，且构成甲方终止合约的理由，甲方有权没收乙方的加盟保证金作为违约金，且乙方转让所得价款应全数赔偿予甲方。

（6）转受方不再享有甲方提供给乙方之特惠条款。

第二十二条　对客户的投诉、客户与乙方诉讼和仲裁案件的处理

1. 客户投诉时，乙方应先积极自行解决；但甲方认为有必要调查的，则乙方须配合甲方完成调查，调查结果乙方确有违规情节时，乙方须依甲方的指示与顾客解决纠纷。

2. 乙方如遇涉及甲、乙双方利益的诉讼、仲裁案件，须及时向甲方书面报告。由甲方的顾问律师进行起诉、应诉、仲裁。如甲方律师因客观原因不能进行代理的，乙方才可向社会聘请律师。

3. 如遇乙方客户之间发生纠纷，由客户决定律师的聘任。如果涉及乙方的服务费，则乙方须优先使用甲方法律顾问，以维护甲、乙双方的利益。

4. 乙方应负担所有费用（含律师费用及诉讼费用）及损失（该损失包括但不限于对甲

方造成的名誉损害或经济损失）。

5. 乙方在处理客户投诉、诉讼及仲裁时须维护甲方之权益不受侵害。

第二十三条 合同的终止

1. 乙方有下列情形之一的，甲方可单方面解除本合同，并没收乙方所给付之加盟保证金作为违约金。甲方行使本条所定的权利并不妨碍对乙方依约应给付之费用之请求，及其乙方对甲方应负赔偿责任之请求。

（1）各种应缴款项，延迟30日未缴交者。

（2）拒绝甲方的业务稽核、不依限期整改或再犯同样错误的。

（3）乙方不履行甲方所要求之营业方式。

（4）本合同生效后180日内未开始营业的或无故停止营业累计达10日的。

（5）损害甲方的商誉或信用行为情节严重的。

（6）违反加盟商竞业禁止约定。

（7）未经甲方同意转让本合同。

（8）乙方宣布破产或进行清算。

（9）隐瞒营业收入和收服务费不入账。

（10）乙方或其代表人、股东财产遭强制执行或诉讼保全者，但10日内可排除、或撤销此执行者不在此限。

（11）擅自以甲方的身份和第三者订定法律行为（本项所称之乙方包含其代表人、股东、受雇人及其配偶）。

（12）乙方从事低价买入、高价抛售的投机行为赚取差价，或恶意哄抬谋利经查属实。

（13）乙方伪造执行业务所须的文件内容。

（14）乙方伪造、未开或开立不实的发票。

（15）乙方利用职务之便，私下充当中介者。

（16）乙方擅自对其招募的加盟店提高、降低月费或收取其他费用。

（17）乙方未按规定，自行收取定金或未按规定退返诚意金，经查有营私舞弊行为者。

（18）乙方利用职务的便利，私下收取客户的利益，企图串通蒙蔽其他客户，致使甲方权益及形象受损。

（19）乙方对乙方招募之加盟店（含直营店）执行本合同约定加盟店应执行之内容不尽督促义务，或监督多次无效又不取消加盟店的加盟资质的。

（20）乙方其他严重违反有关中介法律法规、政策的规定。

2. 乙方有其他违约行为，经甲方催告后仍拒绝履行合同或采取补救措施的，甲方有权解除本合同，甲方没收乙方所给付之加盟金作为违约金。甲方行使本条所定的权利并不妨碍甲方对乙方依约应给付之费用及应负赔偿责任之请求。

3. 合同期满或双方协议解除本合同的，合同自然终止。

第二十四条　合同终止的处理

1. 本合同终止后，乙方不再享有甲方授予的××商标及××商务中介制度的使用权利。

2. 乙方对于××商标、制服及各项文件、物品应立即停止使用。有关属于甲方的物品（包括但不限于管制文件），应于一周内完全返还甲方，乙方不得要求甲方支付相关费用。

3. 本合同终止后，乙方立即拆除乙方营业场所内、外布置与招牌上一切图案、商标及标识。

4. 乙方应签具服务商标、制式用品不再使用及店招拆除的退店承诺书，保证不再使用印有甲方商标及名称的一切用品。

5. 加盟保证金退还：乙方如没有违约行为，甲方应于本合同终止后九十日之内无息退回。

6. 本合同的终止或届满或解除后十日内，乙方不办理退出加盟手续的，甲方有权按一定比例扣除乙方的保证金。

7. 本合同的终止或届满或解除后三日内，乙方不拆除店招、标志的，甲方有权对其进行拆除，且相关费用由乙方自行承担。

8. 本合同终止后，乙方以××为商号或名称的各式法人必须随即向工商部门实施注销。

9. 乙方因营运绩效不佳而欲结束营业时，需征得甲方同意，甲方并享有优先承购乙方营业点全部设备的权利。

10. 本合同终止或双方协议解除本合同的，若甲方选择接管授权区域加盟店的，乙方向授权区域加盟店书面发函通知，或由甲方采用适当的方式向加盟店发函告知由甲方实施全面接管，同时乙方应积极配合甲方办好交接手续，包括但不限于向甲方移交所有资料及向乙方自行招募的加盟店收取的所有费用等。

11. 自甲方对乙方区域下的所有加盟店及区域代理实施全面接管后，乙方不得也无权收取授权区域下的所有××房屋区域代理及加盟店此后的任何费用。

12. 因乙方的原因（包括甲方同意乙方提出的提前解除合同请求的）解除合同的，乙方需向甲方另行缴纳信息变更费人民币壹万元。

13. 合同终止且甲方不选择接管授权区域内的加盟店的，乙方应保证适用于甲乙双方的本条1、2、3、4、5、6、7、8、9的内容适用于乙方与授权区域内的加盟店之间。

14. 如乙方拒绝上述行为或乙方其他的违约行为致甲方对乙方或其他方以诉讼程序处理时，乙方除应赔偿甲方因此所致之损失外，尚须给付律师费用。

第二十五条　违约损害赔偿及加盟保证金的处理

1. 乙方若违反本合同的各项条款，甲方解除本合同的，甲方有权要求乙方承担相当于全额保证金的违约金。甲方有权没收保证金抵作（部分）违约金。若甲方另有损失，乙方及其保证人仍须连带负损害赔偿的完全责任。

2. 如乙方在签订本协议后2年内提出终止协议或因违约被甲方撤销代理权即行使单方解除权，则乙方依据其与加盟店之合同或区域代理协议收取的加盟权利金之50%，必须上缴至甲方，不缴纳则认定为乙方欠甲方的欠款，甲方可依法要求乙方给付，乙方亦在此郑重承诺，如在本协议签订后2年内提出终止协议，或被实施违约处罚，乙方愿意支付给甲方一定数量的赔偿，赔偿额为向发展的加盟店及区域代理收取的加盟权利金的50%。

3. 乙方于本合同有效期间内，非经甲方同意乙方不得任意终止本合同，否则甲方有权没收保证金作为违约金。

第二十六条　信用报告

经由本合同的签字，乙方授权甲方去调查其信用及相关资料，乙方亦授权任何机构提供甲方有关乙方之信用资料。

第二十七条　招募加盟店的约定事项

1. 乙方应保证其招募的加盟店必须以临街之一楼且不小于_____平方米的店面为加盟店设立地点。

2. 乙方招募的加盟店应保证店间距离相互间隔450米。

3. 乙方可按照区域行情自主确定本合同约定授权区域加盟费用，但需得到甲方书面同意。

4. 乙方在本合同约定的区域内拓展的加盟店应统一按照甲方的要求进行装修。

5. 乙方从各分店收取的保证金应存入甲乙双方共同开设的账户，出账需双方一致同意。

第二十八条 特别约定事项

1. 甲乙双方的通信地址，须以本合同所写的联络地址为准，任何一方如遇地址变更时，应及时以书面形式通知对方。如因拒收或因未通知联络地址变更的，均以付邮日（以邮戳为准）视为已依合同给予通知。但不论如何，一方向另一方实际经营、办公、法定代表人的有效地址发送通知的，视为通知方已尽通知义务。

2. 如乙方运用甲方品牌对外承揽业务或买断营销代理等中介业务时，必须先行告知甲方，经双方确认，相关合作条件双方得另定之。

3. 本合同附件亦与本合同同具法律约束效力。

4. 国家颁布的任何法律法规、规章等，若与本合同有抵触，则依国家的法律法规、规章等执行。

第二十九条 保密条款

1. KNOW-HOW的保密义务：除了适时提供加盟店所需的KNOW-HOW外，乙方不得将甲方所提供之任何KNOW-HOW外泄给第三人。

2. 除基于执行本合同之需要所为之揭露或基于法律法规或为取得政府许可所为之揭露外，当事人对本合同条款应负保密义务，不得对第三人为全部或部分之揭露。

3. 乙方违反本条上述保密条款的，须向将甲方支付违约金人民币壹拾万元整。

第三十条 合同争议的管辖

双方因本合同产生的争议，均应本着友好协商原则处理。若无法协商，双方同意通过甲方所在地有管辖权的人民法院解决。

第三十一条 连带保证人

1. 乙方应提供甲方认可的保证人_____（具公务人员资格或提供不动产证明文件者）作为乙方履行本合同的连带保证人。

2. 若因可归责于乙方的事由，致甲方负连带赔偿责任或先行承担赔偿责任者，甲方可要求乙方连带保证人连带责任。

第三十二条　合同的生效日期

本合同自甲乙双方或其合法授权人签字或盖章时即生效。本合同一式两份，甲乙双方各执一份，具有同等效力。

甲方：××物业（上海）有限公司　　　　乙方：

代表人：　　　　　　　　　　　　　　　代表人：

地址　　　　　　　　　　　　　　　　　身份证号：

电话：　　　　　　　　　　　　　　　　地址：

电话：

乙方连带保证人：

身份证号：

地址：

电话：

＿＿年＿＿月＿＿日订立于＿＿＿＿　　　＿＿年＿＿月＿＿日订立于＿＿＿

特许经营合同主体分析

按照特许经营合同主体的不同，可将它分为单体特许经营合同和复合特许经营合同。

（一）单体特许经营合同

单体特许经营合同是最有典型意义的特许经营合同，包含了特许经营合同的主要要素。此种合同的一方是特许权的所有者，另一方是特许权的直接使用者，是特许权所有者与使用者直接的权利义务关系。在单体特许经营合同中，双方关系相对简单。单体特许经营合同适用于特许权所有者直接发展加盟商。它的优点是特许人容易实现对加盟者的控制，业务发展的利润未分流；缺点是发展速度较慢，对特许人管理和控制能力要求较高。

（二）复合特许经营合同

有两类复合特许经营合同，其一是区域特许经营合同。它的特点有：第一，合同主体一方是特许权的所有者，另一方不一定直接使用特许权，而以自己的名义发展加盟商；第二，合同包含区域开发的内容；第三，与单体特许经营合同相比较，区域特许经营合同相对复杂。区域特许经营合同适用于跨地域发展和分区域开发特许业务，它的优点是容易实现特许体系的快速发展、部分管理工作由区域加盟上完成，特许人能减少许多管理、控制任务；缺点是不易保证特许体系的完整与统一，对区域加盟上的依赖过强，且存在利润分流。正常区域特许经营合同就是这种类型。

另一类复合特许经营合同是特许经营权代理合同。它的特点有：合同主体一方是特许权的所有者，另一方在特定地域代理销售特许权，以特许权所有者的名义发展加盟商。特许经营权代理合同适用于跨国发展，它的优点是可以发挥当地人的作用，快速实现本土化的要求；缺点是不易控制，且利润分流。本区域合作协议就是这种特许经营权代理合同，合同双方更多的是合作关系，且区域合作协议方式可以多样化，无须固定方式、固定费用，区域合作方式是一些品牌在特定区域推广时，由于无法确认当地市场状况，又需要推广市场的一种灵活的方式，合作双方可以利益互绑，区域推广人无须承担高额的区域加盟费用，也无须获得相关资质，可与商标所有人合作开发市场，共享利益，共担风险。

九 区域授权说明

加盟连锁事业区域授权说明

一、房屋加盟连锁店的经营范围及财务预估

1. 加盟连锁店的定位

2. 加盟连锁店的营业范围及收入来源

3. 加盟连锁店的开办费用

4. 加盟连锁店的每月营业收入及营销

5. 加盟连锁店的财务预估

二、加盟连锁事业总部的核心经营技术移转

1. 加盟店管理及服务技术

（1）筹备店的管理及服务（包括未开店和已开店）

（2）收费店的管理及服务

（3）异常店的管理及服务

（4）退店管理

2. 研究发展（R&D）技术

（1）市场状况研究发展

（2）新式营业技术研究发展

（3）媒体公关

3. 教育训练技术

（1）店务管理教育训练（店东店长）

①人事管理

②物件管理

③客户管理

④商圈管理

⑤财务管理业绩诊断及改善能力DIY教育训练

⑥营业管理系统应用技术

（2）营业执行教育训练（经纪人）

①开发能力教育训练

②销售能力教育训练

③客户说服谈判能力教育训练

④OPEN HOUSE教育训练

（3）店务秘书教育训练（店务秘书）

①档案管理教育训练

②营业管理系统执行技术教育训练

③电话行销技巧教育训练

④客户接待与服务教育训练

（4）新式营业技巧

①卫星型OPEN HOUSE教育训练

②养客技巧教育训练

（5）预售案及整批成屋案教育训练

①个案行销说明书

②预售案及整批成屋案新式销售技巧教育训练

4. 广告企划技术

（1）CIS规划及执行

（2）各式物品开发、设计及制作

（3）年度广告计划企划及执行能力

（4）定期小众媒体及平面广告之企划及执行能力

（5）不定期大众媒体及电子广告之企划及执行能力

（6）预售案或整批成屋案的广告企划能力

（7）SP活动之企划及执行能力

（8）策略联盟之企划及执行能力

5. 资讯应用技术

（1）加盟店管理技术

（2）物件管理技术

（3）客户管理技术

（4）配对系统

（5）预售屋管理系统

（6）地理资讯系统（GIS&EIS）

6. 拓点技术

（1）商圈调查、分析及规划能力

（2）拓点对象的管理技术

（3）拓点说明会的举办技术

（4）拓点的客户说服技术

（5）加盟合约书制订及修正技术

（6）拓点后的服务内容及技术

7. 产品开发技术

（1）预售案及整批成屋案开发管道的运用技术

（2）预售案及整批成屋案产品调查及筛选技术

（3）对业主的简报技术

（4）专案管理技术

三、加盟连锁事业总部的组织架构及部门职称

1. 加盟连锁事业总部的组织架构

2. 各部门职称说明及人员编制预估

四、加盟连锁事业总部对加盟店的收入来源及财务预估

1. 收费标准一览

2. 未来5年加盟连锁规划预估

3. 未来5年加盟连锁事业总部损益预估

五、××房产提供给加盟连锁事业总部的核心经营技术

1. 加盟店管理技术

2. 研究发展技术

3. 教育训练技术

4. 广告企划技术

5. 资讯应用技术

6. 拓点技术

7. 加盟连锁事业总部人员教育训练

六、××房产转投资及技术移转费用

1. ××房产所提供的技术移转服务内容。

2. 专案成员：总部管理人员。

3. 费用明细：（交通、食宿……）由代理方支付。

4. 投资金额：省级注册资金300万元、市级注册资金不低于100万元。

5. 付款方式：（省级代理保证金：100万元；市级代理保证金：50万元）。

6. 双方签约程序：A. 保密协议；B. 意向协议书；C. 签约；D. 记者会；E. 成立酒会；F. 发展计划书。

具体方案

一

××房产加盟连锁店经营的定位、营业范围及财务预估

（一）××房产加盟连锁店的定位

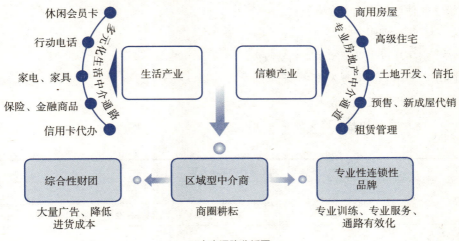

中介通路分析图

（二）加盟连锁店的营业范围及收入来源

1. 营业范围

（1）住宅类成屋买卖及租赁中介服务

（2）预售屋买卖中介服务

（3）商用房屋买卖及租赁中介服务

（4）土地买卖及租赁中介服务

（5）其他产品零售中介（会员卡、住宿券、保险……）

（6）租赁管理

（7）房屋广告设计及销售企划

（8）商业地产企划招商服务

（9）商务中心管理服务

成屋买卖与预售屋之差别在于成屋系已经建筑完成，买卖重心在于屋况、产权、有无贷款或抵押权存在、有无出租等；而预售屋则在于订约时尚无房屋存在，由建商负责施工，重点在于设计、建筑技术是否良好、建材有无与契约相符、建商有无履约能力等，唯有针对重点对症下药，消费者方能保障权益。

163

（10）资产投资服务

2．收入来源

（1）住宅类成屋买卖及租赁服务费收入

（2）预售屋买卖中介服务费收入

（3）商用房屋买卖及中介服务费收入

（4）土地买卖及租赁中介服务收入

（5）其他产品零售中介服务收入

（6）租赁管理服务收入

（7）房屋广告设计及销售企划费收入

（8）商务中心持续收入

（9）资产投资及服务收入

（三）××房产加盟店筹备费用

加盟店开办成本分析			
项　目	估　计		
	费用（元）	摊提标准	每月摊提费用（元）
一、营业设备			
1．电脑硬件设备	10000	24月	417
2．电话交换机及机组（五支）	1280	60月	22
3．传真机	2000	60月	33
4．打印机	2000	24月	83
5．办公桌椅文件柜等设备　（附件一）	9331	36月	260
6．装潢室内外（附件二）	31584	36月	877
7．招牌制作	5000	36月	139
（一）项小计	61195		1831
二、开店费用			
1．加盟权利金	50000	60月	833
2．筹备开办费及交通杂支　（附件一）	3322	30月	110
3．开幕广告、仪式费用　（附件一）	11304	60月	188

续 表

加盟店开办成本分析			
项 目	估 计		
	费用（元）	摊提标准	每月摊提费用（元）
4．房屋制式用品（附件二）	31500	36月	875
（二）项小计	96126	60月	2006
（一）（二）项合计	157321	60月	3837
总 计	157321	60月	3837

说明：1．建议新开业店另准备三个月营运周转金。

　　　2．店面押金部分，视实际情况决定。

　　　3．以上价格均不含税。

（四）XP房仲咨询系统各店基础配备费用一栏表

品名	数量	单价	备 注
电脑Celeron 等级以上即可 256内存 须配置网卡 光驱 17英寸屏幕	1 （建议2）	2500元以内	一台为必备（秘书一部，其他为建议业务人员使用）
宽带分享器 IP-SHARE （Dlink-704P）	1	600元上下	宽带分享器，分享ADSL，可同时让4台电脑宽带上网
打印机 （建议EPSON）	1	2000元上下	日常打印，也可作为网路打印机共用
ADSL宽带 必须配备	1		宽带可申请不限时间，或是限时的方案
数码相机 （200万像素即可）	1	2000元以内即可	拍摄房源外观及内观并可快速输入到电脑
软件			

续　表

品名	数量	单价	备　注
作业系统 MS Windows 2000 Professional SP3，IE6 SP1版本	1		市面上稳定性较高的OS版本 （不建议MS Windows XP版本）
MS Office 2000 以上文书处理系统	1		包含 Word，Excel，Powerpoint，Access
杀毒软件	1		须具备正常更新病毒码功能

附件一：

一、办公桌椅文件柜等设备

项目	金额（元）	签　字	项目	金额（元）	签　字
业务桌（6张）	1200		主管桌（1张）	300	
接待桌（2张）	280		洽谈桌（长）（1张）	350	
秘书桌（1张）	500		洽谈桌（方）（1张）	500	
屏风（1套）	480		会议桌（小）（1张）	700	
员工椅（7把）	910		会议接待椅（7把）	910	
接待椅（5把）	430		洽谈椅（1套）	1750	
主管椅（1把）	310		文件柜（多用型）（1个）	600	
饮水机（1台）	400		文件柜（普通型）（1个）	400	
小计	4510		小计	5510	
合计				10020	

二、装潢室内外

整体装修		签　字	玻璃纸		签　字
贴纸	974		展板框（4个）	400	
白板（2付）	230		—	—	
小　计	1204		小　计	400	
合　计				1604	

续 表

项目	金额（元）	签字	项目	金额（元）	签字
三、筹设开办费及交通杂支					
剪彩彩带（38m）	171	签字	剪彩剪刀（5把）	—	签字
胸花	170		烟灰缸（4个）	18	
红地毯（35m）	—		礼花（20筒）	300	
剪彩托盘（6个）	—		金丝绒	—	
舞狮条幅	—		认同卡	1400	
挂钩	20		办公用品	500	
市内交通费	100		清洁用品	150	
小 计	461		小 计	2368	
合 计				2829	
四、开幕广告、仪式费用					
太平鼓表演	—	签字	舞狮表演	—	签字
升空气球、拱门	—		媒体	—	
开业聚餐	2000		—	—	
小 计	2000		小 计	0	
合 计				2000	
总 计			16453		

备注：以上按照实际支出计算，任何单项总计超出时另行计费。

附件二：

开幕用品一览表

类别	编号	物品名称	单 价	基本量	负责人	店东签字
店头布置物品	A001	企业愿景挂图				
	A002	作业流程挂图				
	A003	诚信吉祥物挂图				
	A004	加盟店发展挂图				
	A005	A4透明套				
	A006	户外落地架				
	A007	玻璃窗形象张贴整套				
	A008	立旗				
	A09	旗杆				
	A010	旗座				

类别	编号	物品名称	单　价	基本量	负责人	店东签字
制式契约书表	B001	出售委托书				
	B002	出租委托书				
	B003	看房确认书				
	B004	承购意向金协议				
	B005	承租意向金协议				
	B006	定金协议				
	B007	签约相关文书				
事务用品	C001	制服布料				
	C002	空白名片				
	C003	万用纸				
	C004	多用途资料封面(黄页夹)				
	C005	大信封				
	C006	小信封				
	C007	制式档案夹				
	C008	纸杯				
	C009	便笺纸				
	C010	客户需求表				
电脑系统	D001	XPRealty房屋信息管理系统				
	D002	XPservice 内部管理系统				
	D003	流通系统				
开幕用品	E001	开幕邀请卡				
	E002	开幕吊卡				
	E003	开幕气球				
	E004	开幕海报				
	E006	开幕DM				
手册	F001	流通规章				
	F002	管理制度				
	F003	新人手册				
	F004	秘书手册				

注：1.下列物品价格皆未含税（运费另算）。

2.本开幕用品一览表限于当年使用。总部新研发的行销用品，会给各店基本样品。其余的由各店自行采购，最终解释权以××房产中国总部为准。

（五）××房产加盟店每月费用明细表

科目名称	实际发生数（元）	备　注
中介收入		
中介成本		经纪人奖金、税款及福利基金等其他费用
薪资		店长1名薪资1800元秘书1名薪资800元经纪人6名薪资4800元
房租费用		店面为80㎡，每平方米80元/月
文具用品		小件办公用品（稿纸、笔、胶水、名片册等）
差旅费		
运费		物品运输
邮寄费		快递、邮资
修缮费		电脑、事务机器、办公家具的维修及维护
广告费		媒体、电台、广播等
水电暖物业		水费、电费、暖气费、物业费
保险费		意外险、医疗险
交际费		实际发生数
电脑用品		增加电脑软硬体及配件
事务耗材		认同卡及墨盒及其他事务机器使用耗材
看房车		
折旧		
杂费		购茶叶、鲜花、喷胶、清洁费等
网络规划费		内部网络规划
训练费		
固定电话费		5部电话
手机费用		店长行动电话费上限100元
汽车费用		
印刷费		
杂项购置		办公室设施购置
书报杂志		报纸、专业书籍等
顾问费		

续 表

科目名称	实际发生数（元）	备 注
市内交通费		特殊需要报销市内交通费
复印费		店内未有复印机
管理清洁费		
费用合计		
税前利润		

二

加盟连锁事业部的核心经营技术移转

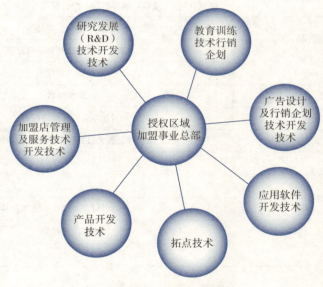

加盟连锁核心经营技术移转

（一）加盟店管理及服务技术

1. 筹备店的管理及服务（包括未开店及已开店）

2. 收费店的管理及服务

3. 异常店的管理及服务

4. 退店管理

5. 多店管理

6. 财务管理

（二）研究发展（R&D）技术

1. 市场状况研究发展

2. 新式营业技术研究发展

3. 媒体公关

（三）教育训练技术

1. 店务管理教育训练（店东店长）

（1）人事管理

（2）物件管理

（3）客户管理

（4）商圈经营

（5）财务管理

（6）业绩诊断及改善能力DIY教育训练

（7）营业管理系统应用技术

2. 业务执行教育训练（经纪人）

（1）开发能力教育训练

（2）销售能力教育训练

（3）客户说服谈判能力教育训练

（4）OPEN HOUSE教育训练

3. 店务秘书教育训练（店务秘书）

（1）档案管理教育训练

（2）营业管理系统执行技术教育训练

（3）电话行销技巧教育训练

（4）客户接待与服务教育训练

4. 新式营业技巧

（1）卫星型OPEN HOUSE教育训练

（2）养客技巧教育训练

5. 一手房及整批成屋案教育训练

（1）个案行销说明会

（2）一手房及整批成屋案新式销售技巧教育训练

（3）一手房企划培训

（四）广告设计及行销企划技术

1. CIS规划及执行技术

2. 各式物品开发、设计及制作技术

3. 年度广告计划企划及执行技术

4. 定期小众媒体及平面广告之企划及执行技术

5. 不定期大众媒体及电子广告之企划及执行技术

6. 预售案或整批成屋案的广告企划技术

7. 预售案的行销企划技术

8. SP活动之企划及执行技术

9. 策略联盟之企划及执行技术

（五）资讯应用技术

1. 加盟店管理系统

2. 物件管理系统

3. 客户管理系统

4. 配对系统

5. 预售屋管理系统

6. 地理资讯系统（GIS&EIS）

（六）拓点技术

1. 商圈调查、分析及规划能力

2. 拓点对象的管理技术

3. 拓点说明会的举办技术

4. 拓点的客户说服技巧

5. 加盟合约书制订及修正技术

6. 拓点后的服务内容及技术

（七）产品开发技术

1. 一手房及整批成屋案开发管道的运用技术

2. 一手房及整批成屋案产品调查及筛选技术

3. 对业主的简报技术

4. 专案管理技术

三

加盟连锁事业总部的组织架构及部门职称

（一）加盟连锁事业总部的组织架构

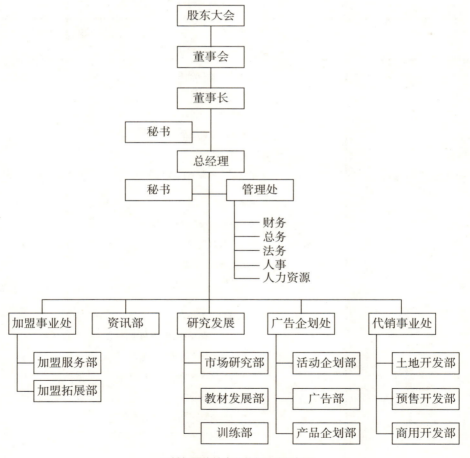

区域加盟连锁事业总部政治规划图

（二）各部门职称说明

部门	单位	工作职责	编制预估
董事长室			2人
总经理室			2人
管理处	财务部	财务管理与稽核	4人
	总务部	资产管理与采购	
	法务部	总部法务相关事宜处理 加盟店法务相关事宜咨询 加盟店服务纠纷咨询与支援处理	
	人力资源部	人事管理 总部人力资源规划与提升	1人
加盟事业处（主管1人）	加盟服务部	加盟店管理与服务 ♦ 筹备店的管理及服务 ♦ 收费店的管理及服务 ♦ 异常的管理及服务 ♦ 退店管理 收费店应收账款报表制作	2人
	加盟拓展部	商圈规划 ♦ 商圈调查、分析及规划 加盟店拓展 ♦ 拓展新加盟店 ♦ 签约店的管理与服务	3人
资讯部	资讯部	应用软件开发技术 ♦ 加盟店管理系统开发与维护 ♦ 物件管理系统开发与维护 ♦ 客户管理系统开发与维护 ♦ 配对系统开发与维护 ♦ 预售屋管理系统开发与维护 ♦ 地理资讯系统开发（GIS&EIS） ♦ 其他应用软件开发与维护	2人

续　表

部门	单位	工作职责	编制预估
研究发展处（主管1人）	市场研究部	预售市场调查与分析 成屋市场调查与分析 主题式房地产议题调查与分析 国内外新式营业技术开发与研究 媒体公关执行	2人
	教材发展部	加盟店经营技术教材开发与维护 加盟店经营技术教材开发与维护 教材出版事宜之统筹	1~2人
	训练部	店东店长例行教育训练课务执行 经纪人例行教育训练课务执行 店务秘书例行教育训练课务执行 其他主题式教育训练课务执行 代销案行销说明会课务执行	1~2人
广告企划处	产品企划部	代销案之行销企划 代销案广告预算之编制	4人
	活动企划部	策略联盟对象开发及专案企划 SP活动企划 商圈耕耘活动企划	
	广告部	CIS规划与执行 各式物品开发、设计及制作 年度广告计划企划及执行 代销案之广告设计	
代销事业处	土地开发部	土地中介物件开发 土地中介业务推动	2人
	预售开发部	预售代销物件开发 代销物件业务推动	
	商用开发部	大型商用房屋代销物件开发 大型商用房屋物件业务推动	
合　计			26~28人

四

房屋加盟连锁事业总部收入来源

加盟连锁事业总部收入来源：

- 权利金收入/店
- 加盟月费收入/店
- 代书服务费收入/件
- 代销企划费收入
- 代销中介费收入
- 通路使用费收入
- 投资资产收入

五

加盟连锁事业总部的经营技术

区域与××房产之合作关系一经确立，××房产将依下列内容及方式进行经营技术之提供。

	技术项目	××房产的书面技术	本土化方法	产出
拓点技术	商圈调查、分析及规划能力	××房产连锁店设店商圈规划全集	由××房产提供技术协助（包含训练课程），加盟连锁总部相关主管负责主导及执行	1. 加盟连锁商圈规划全集 2. 完成6小时商圈规划训练课程
	拓点对象的管理技巧	××房产加盟说明会计划	由××房产提供技术协助（包括训练课程），加盟连锁部相关主管负责主导及执行	1. 加盟连锁说明会执行计划 2. 完成12小时拓点技术养成训练课程
	拓点说明会的举办技巧			
	拓点客户的说服技巧	××房产加盟企划书	由××房产提供训练课程及咨询	1. 加盟连锁说明书 2. 完成6小时拓点客户的说服技巧训练课程

续　表

	技术项目	××房产的书面技术	本土化方法	产出
拓点技术	加盟合约书制订及修正技术	××房产加盟企划书	由××房产提供技术协助，加盟连锁部相关主管负责主导及执行	加盟连锁合约书
	拓点后的服务内容及技术	××房产加盟店服务手册	由××房产提供训练课程及咨询	加盟连锁加盟店服务手册
加盟店管理及服务技术	筹备店的管理及服务	1．××房产加盟店服务手册 2．××房产加盟店营业规范 3．××房产加盟店流通规章 4．××房产加盟店管理规章 5．××房产加盟店各式应用营业书表 6．××房产加盟店商标及广告应用规范 7．××房产加盟店教育训练办法 8．××房产加盟店营业管理系统 9．××房产加盟店安全管理办法	由××房产提供技术协助（包含教育训练）与咨询，加盟连锁总部相关主管负责主导执行	1．加盟连锁加盟店服务手册 2．加盟连锁加盟店营业规范 3．加盟连锁加盟店流通规章 4．加盟连锁加盟店管理规章 5．加盟连锁加盟店各式应用营业书表 6．加盟连锁商标及广告应用规范 7．加盟连锁加盟店教育训练办法 8．加盟连锁加盟店营业管理系统 9．加盟连锁加盟店安全管理办法 10．完成12个小时加盟店管理及服务技术教育训练
	收费店的管理及服务			
	异常店的管理及服务			
	退店管理			
教育训练技术	店务管理教育训练	1．××房产店长手册 2．高效能店长颠峰成就训练全集 3．高效能业绩诊断DIY训练全集 4．高效能新人招募OJT培训全集	由××房产提供技术协助（包含教育训练）与咨询，加盟连锁总部相关主管负责主导执行	1．加盟连锁店长手册 2．加盟连锁店长成就颠峰训练全集 3．加盟连锁业绩诊断DIY训练全集 4．加盟连锁新人招募与OJT培训全集 5．完成24小时加盟连锁营业技术讲师养成训练
	店务助理教育训练	店务助理手册	由××房产提供技术协助（包含教育训练）与咨询，加盟连锁总部相关主管负责主导执行	1．加盟连锁店务助理手册 2．完成6小时加盟连锁营业技术讲师养成训练
	新式营业技术	1．××房产商圈耕耘100招 2．执行技术手册	由××房产提供技术协助（包含教育训练）与咨询	完成6小时加盟连锁新式营业技巧讲师养成训练

	技术项目	××房产的书面技术	本土化方法	产出
教育训练技术	营业技术教育训练	1. ××房产新人手册 2. 高效能新人12周业绩灌溉计书 3. ××房产新人8周养成计划 4. 高效能开发能力颠峰训练全集 5. 高效能销售能力颠峰训练全集 6. 高效能客户说服与异议处理 7. ××房产业务信函全集	由××房产提供技术协助（包含教育训练）与咨询，加盟连锁总部相关主管负责主导执行	1. 加盟连锁新人手册 2. 加盟连锁新人12周业绩灌溉计书 3. 加盟连锁开发手册 4. 加盟连锁销售手册 5. 加盟连锁业务信函全集 6. 完成36小时加盟连锁营业技术讲师养成训练
	CIS规划及执行	××房产CIS应用手册	由××房产负责提供加盟连锁之全套CIS设计色稿，加盟连锁总部负责完稿、印刷并制作应用手册	1. 加盟连锁全套CIS色稿 2. 加盟连锁之CIS应用手册 3. 完成6小时CIS应用课程训练
广告企划技术	各式文宣品及物品设计	各项文宣品、手册	由××房产提供技术协助（包含教育训练）与咨询，加盟连锁总部相关主管负责主导执行	
	年度广告计划广告设计			
	SP活动之企划与执行		由××房产提供技术协助（包含教育训练）与咨询，加盟连锁总部相关主管负责主导执行	完成12小时广告企划课程训练
	预售案之行销企划			

续 表

技术项目		××房产的书面技术	本土化方法	产出
资讯应用技术	加盟店管理系统	1．××房产MIS系统线上环境开放 2．××房产房屋管理系统手册	由××房产提供技术协助与咨询，加盟连锁总部相关主管负责主导执行	由加盟连锁及配合厂商自行完成加盟连锁营业管理系统
	物件管理系统			
	客户管理系统			
	配对系统			
	预售屋管理系统			
	地理资讯系统（GISEIS）			
研究发展技术	市场状况研究发展	××房产市场研究报告全集	由××房产提供教育训练与咨询	完成12小时研究发展即媒体公关教育训练
	新式营业技术研究发展			
	媒体公关	××房产公关成果汇编		
总部管理技术	组织与职掌	××房产部门职掌及工作说明书	由××房产提供技术协助与咨询，加盟连锁总部相关主管负责主导执行	1．加盟连锁总部部门职称及工作说明书 2．加盟连锁标准化作业手册 3．加盟连锁总部管理规章
	各项作业流程及准则	××房产作业标准		
	管理制度	××房产总部管理规章		
	MIS系统	××房产总部MIS系统		

注：以上经营技术移转由××房产提供原始KNOW-HOW及训练，并充分参与本土化工作，为确保实用性，除CIS外，各项技术之本土化工作及产出项目的主导任务，均由加盟连锁相关主管负责制作，××房产仅提供必要之协助及咨询。

六

××房产技术移转费用投资金额

详见城市代理费用一览表（略）

七

××房产全方位支援服务

（一）资讯支援

1. 引领房屋中介资讯新潮流

顺应世界连锁经营之潮流，推广区域总部及单店连锁加盟。网址：_____

2. 店头的管理利器——视窗版房屋管理系统

包含物件管理、客户管理、店务管理、配对查询、税费计算、资料传输、影像管理、地图设定、网络连接。

3. 总部的网络服务——××网页与VIP专属网站

包含待售物件查询、成交公报查询、加盟店资料一览、客户服务信箱、征人求才信息、总部加盟店互动。

4. 电脑专业人员的服务——电话咨询与访店辅导

包含协助电脑化规划、培训电脑使用人才、房屋系统的维护、协力厂商电脑维护。

（二）研展公关支援

1. 欢庆开幕——开店支援

（1）专人CIS制式规划、协助设计布置。

（2）整体文宣品支援。

2. 专业与权威——研展规划

国外KNOW－HOW转换应用、房地产市场研究分析、专业丛书出版、经营战略规划。

3. 第一手的报道——资讯掌握

预售个案追踪、成屋路段调查、成交行情分析、战情收集、产业动态。

4. 曝光率高——公关运作

（1）专业形象塑造。

（2）媒体公关：发布最新房地产资讯新闻稿、邀稿、不定期接受采访、举办座谈会及记者会。

（3）不定期为加盟店发新闻稿造势。

（三）教育训练支援

1. 深植精耕——品质的提升

（1）提升××房产品牌知名度。

（2）以整合房屋流通市场的交易秩序为目标。

（3）强化经纪人的专业度。

（4）依职务分级与工作性质设计阶段式课程。

（5）提高单店的经营利润。

2. 多元化训练——分级教育课程

（1）训练内容包含国内房屋的最新资讯，并配合国情兼顾理论与实务，严聘经验丰富的专家学者讲师。

（2）针对各级人员安排各式课程。

（3）依店东（长）、干部、经纪人、店务秘书、新人分级授课，其他还包括外训课程、举办座谈会或课讲会、编撰制式教案及辅导中介经纪人、营业员资格考试。

（四）辅导支援

保证绩效——专业经营辅导

1. 针对各加盟店经营上所面临的问题，进行诊断并辅导。

2. KNOW－HOW提供：单店经营诊断、业务技巧评估、商圈耕耘、交易过程掌控、人才招募及教育训练、店头规划及文宣应用、建立管理制度、客户抱怨处理、售后服务流程管理、店头业务实战演练、店头干部培训、店头士气激动。

（五）加盟服务业务支援

1. 各区域加盟店服务业务

（1）区域整合、沟通、会议包括小区域广告协调会议、区域、店东会议、动员月会、季会，咨询顾问会议及经营协调观摩等策略执行协调。

销售促进（Sales Promotion，简称SP）是市场竞争过程中的一把利剑。市场锋线的促销，作用在于对产品施加推力，使产品能够更快地进入市场和扩大市场。

（2）加盟店访视业务。

（3）消费者客诉协调支援。

（4）加盟店教育训练，场地主办等业务。

（5）各项大型活动之推广介绍，包括年会、荣团会、SP活动、运动会、考照等活动。

（6）加盟店经营行政、业务之咨询支援。

（7）各项KNOW－HOW制作研发。

（8）同样竞争市场的调查咨询。

（9）各项制式物品研发制作、提供业务。

（10）加盟店开店经营培训行政作业咨询等。

2. 有问必答的咨询服务

包含法律、地政、房屋法令、税费及其他相关咨询。

八

选择××房产你就掌握了19项房种优势

1. 店数最多、规模最大的房屋中介公司

一家委托，超过200家连锁店为您服务。

2. 完善的品牌辨识系统CIS，打造华人第一品牌

××房产在调查的各项服务指标中均领先于同业，为市民认同的房中业品牌。

3. 资源共享、优势互补、全方位行销管道

30万件物件+多元行销管道+最大买方资料库=最快速的成交配对。

4. 以人为本的培训机制，打造专业的中介团队

××房产实施分级教育训练制，完善的培训架构，结合员工培训卡计分制，培训高素质、高标准专业团队。

5. 售屋智慧系统，实现网上交易，领航房中业

专业的房地产中介业网站专业的内部管理系统、专业的房管系统，为目前资讯较完整、服务功能强大的房中业管理系统。

6. 联合签约中心，为客户提供一站式服务

签约、代办、过户、保险、银行、律师等业务一站式服务，为客户节省时间，层层把关，最大限度地提供便利措施。

买方所支付之所有款项均先保留于银行之价金履约保障专户中，并由金融机构开立履约保证书给买卖方，由金融机构保管买卖价金。当交屋完毕时，银行再将保管之买卖价金交给卖方。

7. 价金履约保障，安全透明服务

当您进入交易过程时，先进的价金履约保证制度，与银行一起为你铸造安全交易的屏障，确保交易安全。

8. 产权审核制度，确保交易安全

××房产必备的产权审核制度，秉持"防患于未然"的精神，针对产权可能随时变动的风险，从委托、销售、签约、用印、完税到银行贷款到交屋，为买方设置了严格的审查关卡，由经纪人、店长、代书、产调专员层层把关，充分掌握每一个交易关键时刻。

9. 不动产说明书，引领中介

详尽完整的产权调查是购买前服务的基本动作，××房产详细调查买方所欲承购之建筑物及土地状况，并制作"不动产说明书"附有房屋现况说明书、买卖标的物之产权影本、产权合法性，让买方深入且全面了解该建筑物及土地的坪数、用途，并调查其是否有抵押设定、租赁关系、查封、限制登记等状况，避免风险，让买方购屋更加安全。

10. 电脑配对省时省力

××房产特有的房屋管理系统，能让物件资讯在最短的时间内快速流通，在您填妥"专任委托书"之后，我们即以电脑连线配对，针对您的需求条件，挑选出最符合您所指定之区域地段、价格、坪数等的物件。另外，您的购屋需求也会建档存入房屋管理"联卖系统"中，当一配对有符合您需求的物件出现时，将随时与您联络。

11. 详尽物况说明，现场带看查验

在电脑为您选配合适的物件后，经纪人会立即安排您到房屋现场参观，并经由××房产确认物件现有的产权状况，让您对房屋本身的条件能有更深一层的了解。

12. 保险就是保障，购房送保险

当买方找到理想房子，付了斡旋金、定金和买卖全额房款并过户完成后，××房产将提供最高额度达44000元由中国人民保险公司提供的家庭财产保险，以期让买方可能发生的损失降至最低。

13. 赠阅精美杂志，与你一起成长

××房产长期免费寄赠《××家园》《移居上海》给会员客户。这些刊物是您买卖屋与生活上的好帮手，也期盼××能与您做一辈子的好邻居、好朋友。

14. 漏水保固，贴心服务

不管楼龄有多旧，××房产提供买方漏水保固服务，保障优良居住品质。××对您的关心与保障，不因成交而结束。

15. 全面满意度调查，不断追求创新

好还要更好，××房产客户服务中心为业界首创主动对所有委托及成交客户进行全面电话满意度调查，确实了解客户的意见，并对您提供的宝贵意见，我们均立即反映给相关单位进行处理，使您在交易过程中享受完善且满意的服务。

16．客服专线，确保省心放心

客户的宝贵意见，是促进××进步的原动力。客户服务中心自1996年成立以来，即大力推动全面客户满意度活动。同时设立服务专线并由专人负责接听处理，期使每位顾客的批评与意见均能获得最快速且合理的解决。

17．极高的广告曝光度

特定产品专刊、各式DM派发、彩色相片物件杂志、报纸售屋广告、房地产网站流通、分店橱窗展示、大型广告帆布、房屋现场要道定点曝光物、200家共同联卖、电视广告、电台广告、公车广告、××房中联卖网。

18．代书作业中心线上过户进度查询

成交后，便可从链接网站的"过户进度报告"中，完整监控整个过户状况。

19．专任委托、全程掌控

当您决定委托××房产处理您的房子，我们会与您签立"买卖中介专任委托书"，委托期间内您若需变更出售条件，经纪人会请您填写"买卖委托书内容更改附表"，经确认无误后签章，并于24小时内输入电脑更新。另外，除了经纪人主动回报之外，您亦可透过××房产网路VIP服务，随时掌握销售进度与内容且××不收看房费、不赚取差价。

十　单店加盟调查表

单店加盟调查表

尊敬的＿＿＿＿＿＿＿＿先生/小姐：

感谢您对××不动产特许经营系统的兴趣。对于您在填写和完成此份"加盟申请调查表"时所投入的时间和精力，我们表示真诚的敬意。

您在此份调查表中所填写的所有内容，我们均将给予保密。

请将完成好的表格寄至：

××不动产总部

通信地址：

邮政编码：

××不动产申请加盟调查表

备注：此份调查表旨在让我们能够了解到关于您及您公司的信息；这将有助于您对××不动产特许经营系统的申请。请您认真填写并签名，在收到此表后10个工作日内寄回。如有任何对于此问卷之不清楚之处，请速与我们联系。

您的姓名：   您的职位：

通信地址：   邮政编码：

联系电话：   传　真：

您想加盟的原因：

□ 新开加盟店

□ 现有公司欲增加中介业务

□ 将现有店转化为加盟店

□ 加盟店续约

□ 加盟店再开分店

□ 其他：_____

提示：

××不动产欢迎有房地产业经验者的加盟。为了您的顺利申请，您必须完整并准确地填写此表的所有项目（如有不适用项目，请注明N/A）。

1．加盟店的选址

开设加盟店的地点如下：

区域：_____市_____区

地点：（请尽可能提供详细的开店地点）_____

区域及周边的中介店有：_____

您的具备房地产经纪营业资格的注册公司名称是：_____

_____

您的加盟店经营场所的形式：

☐ 楼面式

☐ 铺面式

☐ 其他：_____

您的加盟店经营场所的选择途径：

☐ 自有房产

☐ 租赁

☐ 其他：_____

您的加盟店经营场所的总面积：_____

提议的店名："××不动产 _____加盟店"

2. 公司信息

您公司的法定注册名称：_____

组织类型：☐ 个人独资　☐ 合伙人公司　☐ 有限责任公司　　☐ 股份有限公司

　　　　　☐ 其他（请具体说明）_____

　　　　　　_____

公司纳税号：_____

您现在的公司中具有房地产经纪业务经验的人数：_____

请在以下提供您公司主要决策者（或董事）的名单及其各人拥有公司股份或所有权比例。

姓名　　　　　　　　　　电话　　　　　　　　传真

通信地址　　　　　　　　　　　　邮编

职位_____所持股份或所有权比例 _____

姓名　　　　　　　　　　电话　　　　　　　　传真

通信地址　　　　　　　　　　　　邮编

职位_____所持股份或所有权比例 _____

姓名   电话   传真

通信地址   邮编

职位_____所持股份或所有权比例 _____

姓名   电话   传真

通信地址   邮编

职位_____所持股份或所有权比例 _____

姓名   电话   传真

通信地址   邮编

职位_____所持股份或所有权比例 _____

姓名   电话   传真

通信地址   邮编

职位_____所持股份或所有权比例 _____

姓名   电话   传真

通信地址   邮编

职位_____所持股份或所有权比例 _____

备注：所有权细分之和必须等于100%。必须列出所有的所有权人。若此处不够填写，请另附纸张。

3. 个人信息

个人资料：

姓 名		宗教信仰	
性 别		婚姻状况	
出生年月		身份证（护照）号码	
民族		通信地址	
籍贯		邮政编码	
国籍		联系电话	

家庭状况：（同住户籍之直系亲属）

姓 名	年 龄	关 系	职 位	单位名称

工作经历：

起讫日期	单位名称	地 址	职 位	职 责	离职原因

教育情况：（从高中开始）

起讫日期	学校名称	学 制	毕业学历	学 位

个人收入状况及其他：

收入来源	年收入额	其他状况	是或否
工资		您有何资产已作了担保吗	
奖金		您是任何诉讼或法律纠纷的被告方吗	
分红		您受过任何刑事处罚吗	
股票		您有任何作为担保人所承担的债务吗	
债券		您曾破产过吗	
其他所有权		您有短期（1年内）债务吗	
其他		您有长期（1年以上）债务吗	

注：上表第四栏中如为"是"的，请解释：

请简述您对当地房地产服务产业发展前景的认识：

您的签名：

_____

签名日期：

_____年_____月_____日

您公司的法定代表人签名：

签名日期：

_____年_____月_____日

对于您所填写的信息，我们将给予保密；此表可帮助您准备和介绍您的情况，以供我们的加盟审批委员会参考使用；请尽可能详细地完成此表；完成此表对任何一方不造成任何法定义务。

催欠费律师函[①]

催欠费律师函[①]

上海××房地产经纪有限公司：

上海××律师事务所××律师接受上海××房地产经纪有限公司的委托，就贵司与上

---

① 适用于房地产经纪公司催缴月费时使用。

海××房地产经纪有限公司的加盟欠款事宜，特向贵司致送本函。

根据上海××房地产经纪有限公司提供的材料，贵公司已严重违反与上海××房地产经纪有限公司签署的《加盟连锁经营合同书》中的相关规定，且拖欠加盟欠款截至____年____月____日共计人民币_____元整，严重违约。根据双方签署的《加盟连锁经营合同书》约定，贵公司严重违约，上海××房地产经纪有限公司有权解除合同。现上海××房地产经纪有限公司委托本律师通知贵公司：

1. 于____年____月____日前将拖欠的欠款人民币_____元整支付到上海××房地产经纪有限公司账户；

2. 于____年____月____日前确认是否继续双方已签署的《加盟连锁经营合同书》，如贵公司无意再继续履行该合同，请向上海××房地产经纪有限公司提出申请，并于____年____月____日前拆除含有"××不动产"的招牌以及其他含有"××不动产"标志的物品。如届时，贵公司仍不拆除相关标志，则贵公司仍须按照双方签署的《加盟连锁经营合同书》的约定，继续缴纳相关费用，承担相应义务。

本律师建议贵公司慎重从事，依法以诚实信用原则全面履行约定的义务，以避免不必要的经济、声誉损失及诉累。否则，本律师将作为上海××房地产经纪有限公司的代理人通过法律途径依法维护其合法权益。

贵司如有任何疑问或不清晰之处，可及时与本律师联系。

年　月　日

 十二 加盟店终止协议

加盟店终止协议

甲方：上海××房地产经纪有限公司

乙方：上海××房地产经纪有限公司

双方于____年____月____日签署《加盟连锁经营合同书》（以下简称合同），约定由乙方加盟甲方。现因市场原因，乙方公司无力继续经营，申请提前终止上述合同。现双方对提前终止合同达成如下一致：

1. 双方协议于____年____月____日终止履行加盟合同的所有权利义务。

2. 乙方承诺于签订本协议后3日内摘除所有与××不动产有关的标示，若未履行而产生费用则由乙方自行承担。

3. 由于乙方尚欠甲方____年____月至____年____月月费共计人民币_____元整，甲乙双方协商一致，乙方应于____年____月____日前结清。

4. 乙方已无任何保证金留存甲方处。

5. 甲乙双方同意免除乙方依据合同需要承担的违约责任。

6. 乙方确认，在其加盟期间发生的所有纠纷均由其自行负责解决。若本协议签署后，客户或其他单位因与乙方纠纷投诉至甲方时，乙方因出面解决并承担相应责任，若因此造成甲方损失的由乙方承担。

7. 若乙方因公司歇业等原因造成主体不存在的，由乙方股东（出资人）承担本协议乙方承担的责任及费用。

8. 本协议一式两份，甲乙双方各执一份。

甲方： 　　　　　　　　　　乙方：

日期： 　　　　　　　　　　日期：

规范公司行为，
维护股东权益——

公股

司权

管理

股权管理囊括了企业的投资、战略、财务、人事、收益等方方面面，它不是微观管理，而是宏观管理；不是片面管理，而是全方位管理。

结构·治理·股权形式

公司的股权结构是公司治理结构中重要的组成部分，应该说它是治理结构中的深层次问题，对于企业的经营业绩、收购兼并、代理权竞争以及监督机制的建立都有非常大的影响。现存三种主要股权安排：第一种是股权高度集中，公司拥有绝对控股股东；第二种是股权高度分散，公司没有大股东，所有权与经营权分离；第三种是公司拥有较大的相对控股股东，同时还拥有其他的大股东。

一 满足相关条件，依法走完流程——公司设立管理

公司设立是指公司设立人依照法定的条件和程序，为组建公司并取得法人资格而必须采取和完成的法律行为。公司设立不同于公司的设立登记，后者仅是公司设立行为的最后阶段；公司设立也不同于公司成立，后者不是一种法律行为，而是设立人取得公司法人资格的一种事实状态或设立人设立公司行为的法律后果。所以，公司设立的实质是一种法律行为，属于法律行为中的多方法律行为，但一人有限责任公司和国有独资公司的设立行为属于单方法律行为。

1 设立房地产中介公司应具备的5项条件

房地产中介公司，是承办房地产中介服务业务的主体，包括房地产咨询公司、房地产

价格评估公司和房地产经纪公司。

设立房地产中介公司必须具备法定条件，依据《城市房地产管理法》及《城市房地产中介服务管理规定》的有关规定，设立房地产中介服务机构应具备下列五项条件：

条件1：有自己的名称和组织机构

设立房地产中介公司首先必须确定名称，有了名称才可能为社会所承认，才能与其他服务机构相区别，这也是《民法通则》和《公司法》的有关规定所要求的。组织机构是一个房地产中介服务机构对内管理有关事务及对外代表该机构从事民事活动的机构的总称。没有组织机构，也就无法从事正常的中介业务活动。

条件2：有固定的服务场所

首先房地产中介公司必须有一个服务场所，不能是"皮包公司"，其次该服务场所应相对固定，不能打一枪换一个地方。

条件3：有必要的财产和经费

没有必要的财产和经费，房地产中介公司也就没有从事中介活动所必需的物质基础，也就无法就自己的民事活动对外独立承担责任。至于财产和经费到底应有多少，应根据不同的中介服务机构及其所从事的不同中介服务项目来确定。依据《公司法》的有关规定，从事科技开发、咨询、服务性的有限责任公司，其注册资本不得少于10万元人民币。

条件4：有足够数量的专业技术人员

房地产中介服务具有很强的专业性，如果没有足够数量的专业技术人员作后盾，中介服务的质量也就难以保证，从而失去其应有的价值，不利于房地产业的健康发展。

条件5：法律、行政法规规定的其他条件

设立房地产中介服务机构，应当向工商行政管理部门申请设立登记，领取营业执照后，方可开业。

② 明确公司类型依法完成六大流程

公司必须依法定的流程设立。一般而言，有限责任公司设立的程序较为简单，而股份有限公司设立的程序相对复杂；发起设立的程序比较简单，而募集设立的程序较为复杂。各国公司法对公司设立程序的规定虽然不尽一致，但对以下程序的规定基本相同。

流程1：订立发起人协议

发起人协议是在公司设立过程中，由发起人订立的关于公司设立事项的协议。发起人协议的作用在于确定所设公司的基本性质和结构，明确发起人之间的关系。公司设立中发起人通常都会订立此种协议，但国外公司法对发起人协议都未作明确规定。

在性质上，一般认为发起人协议属于合伙契约。如果公司设立成功，该协议履行完毕，因设立行为所生的权利义务由公司承担；如果设立不成，因设立行为对外所负债务，则应当依照发起人协议由发起人对第三人承担连带责任。

流程2：制定公司章程

公司章程是公司经营活动的准则，制定公司章程是任何国家设立公司的必经程序。公司章程应由全体股东签字订立，其直接体现了股东之间的权利和义务。公司章程必须记载法定的绝对必要记载事项，也可以记载法定的全部或部分相对必要记载事项，还可以在不违反强制性规范、社会公共利益的前提下，记载一些发起人协商一致的事项。无限公司和有限责任公司的章程一经发起人签署即发生法律效力，股份有限公司和股份两合公司的章程须经创立大会决议通过始生效力。

关于股份有限公司章程的制定，在发起设立方式和募集设立方式中有所区别：采取发起设立方式的，由全体发起人共同制定即可。此时股份有限公司的章程是全体发起人在协商一致的基础上共同制定的，是全体发起人共同意志的体现。表现在形式上，公司章程由全体发起人签名。采取募集设立方式的，则先由发起人在协商一致的基础上共同制定公司章程。只有在公司募集的股款缴足后30日内举行的创立大会通过，才形成对全体股东有约束力的公司章程。而创立大会应有代表股份总数过半数的发起人、认股人出席方可举行。创立大会作出决议，必须经出席会议的认股人所持表决权过半数通过。

流程3：确定股东

无限公司、有限责任公司及两合公司的股东，一般在订立章程时予以确定，即在公司章程中明确记载股东的姓名。股份有限公司的股东，一部分可在章程中确定，这主要是公司发起人，另一部分股东需要通过募股程序来确定。

流程4：缴纳出资与验资

出资是股东基于股东资格对公司所为的一定给付，凡股东均负有出资的义务。公司的资本是全体股东出资构成的，在公司章程中应有明确的记载。除实行授权资本制的国家外，公司章程中所记载的资本总额，在公司成立时都必须落实到每一股东的名下。

尽管有些国家的公司法规定股东可以分期缴纳股款，但股东已经认购但尚未缴付的股款，也构成对公司债务的确切担保。

流程5：确定公司的组织机构

公司的组织机构是公司的法定机构，在公司设立阶段即应予以确定。无限公司的全体股东以及两合公司中的无限责任股东，都有代表公司、执行公司业务的权利，但公司章程可以规定其中一人或数人作为执行业务股东。在有限责任公司中，公司设立股东会的，董事一般由股东会选举产生；公司不设股东会的，董事一般由股东委任。在股份有限公司中，由公司的创立大会选举公司的董事组成董事会，并由董事会选举董事长。

流程6：办理公司登记

办理公司登记是公司取得法人资格的必经程序。在履行法定的程序后，公司和两合公司的执行董事，以及有限责任公司和股份有限公司的董事会向公司登记机关申请登记。

对符合公司设立条件的，公司登记机关应予以登记告成立，取得法人资格。

二 明确股权转让复杂性，防范风险维护各方权益——公司股权转让管理

股权转让是指公司股东依法将自己的股份让渡给他人，使他人成为公司股东的民事法律行为。股权转让是股东行使股权经常而普遍的方式，中国《公司法》规定股东有权通过法定方式转让其全部出资或者部分出资。

① 明确股权转让的形式，维护权益防范纠纷

形式1：股东之间转让股权

即股东之间可以自由地相互转让其全部或者部分出资，不需要股东会表决通过，也没有其他任何限制。

形式2：股东向股东以外的人转让股权

指有限责任公司股东将其股权转让给公司以外第三人的法律行动。与股权的内部转让不同在于，股东向公司外第三人转让股权虽然不会转变其他股东在公司中的投资比例，但是原股东间的相互信任的人合关系会受到影响，甚至遭到损坏。因此，为了保证有限责任公司的内部稳固，绝大多数国家（地区）的公司法都对股权的外部转让进行了严格限制。

形式3：股权的强制执行而引起的转让

股权的强制执行是股权转让的一种形式，它是指人民法院依照民事诉讼法等法律规定的执行程序，依据债权人的申请，在强制执行生效的法律文书时，以拍卖、变卖或其他方式，转让有限责任公司股东的股权的一种强制性转让措施。

形式4：异议股东行使回购请求权引起的股权转让

由于近年来在实践中，因股东间的压制，公司僵局及股东个人情况的变化等使得以退股为目的而发生的诉讼逐渐增多，但法律又无明文的规定或其他的救济手段，针对上述现状，新《公司法》在对他国的公司法立法情况的比较及考察后，突破了传统的资本制度的

理念引入了退股制度即异议股东的股权回购请求权。

形式5：股东资格的继承取得引起的股权法定转让

公民死亡后其遗产依法由其继承人继承，股东的出资作为股东的个人合法财产，在自然人股东死亡后，也应由其继承人依法继承，继承人继承股东资格后，成为公司的股东，取得了股权，依法享有资产权益，参与重大决策等各项股东权利。

❷ 严格依照《公司法》防范股权转让五大风险

股权转让是公司并购的一种重要形式，是一项系统工程，涉及法律关系复杂，在实践中作为股权购买方将面临着大量的风险，这里对一些重要风险进行分析。

风险1：股权转让合同签订前程序性风险

有限公司股东向股东以外的人转让股权，合同的订立应遵守《公司法》程序上的要求。有限公司的股东向股东以外的人转让其出资时，必须经全体股东过半数同意；不同意转让的股东应当购买该转让的出资，如果不购买该转让的出资，视为同意转让，经股东同意转让的出资，在同等条件下，其他股东对该出资有优先购买权。未经上述程序而签订的股权转让合同会因程序的瑕疵被认定为无效或撤销。

建议购买方在购买目标公司的股份时应当要求目标公司召开股东会，做出同意出让方股东出卖其股份的《股东会决议》。

风险2：股权转让合同签订后股东人数限制风险

股东转让其全部或部分出资后，公司的股东数量要符合《公司法》的要求。《公司法》规定有限公司股东人数为两个以上五十个以下，股份公司股东人数应为五人以上。

有限公司股东人数不得突破公司设立的条件，也应为公司存续的条件，股东转让股权不得导致股东人数出现违反法律规定的结果。

风险3：股权转让合同履行风险

股权转让合同的履行，转让方的主要义务是向受让方移交股权，具体体现为将股权转让的事实及请求公司办理变更登记手续的意思正式以书面方式通知公司的行为。而受让方的主要义务则是按照约定向转让方支付转让款。根据《公司法》第三十六条和第一百四十五条的规定，将股权转让结果记载于股东名册、公司章程修改、变更工商登记等事项是公司的义务。在合同履行中可能面临目标公司怠于或拒绝履行义务使受让方不能正常取得股东身份或行使股东权利，同时目标公司的其他股东或董事也可能不尽配合、协助的义务。公司未及时履行义务的，受让人可以起诉公司，公司应承担相应的责任，但公司没有义务去监督或判定转让合同约定的其他义务的履行情况。

在签订股权转让合同前在对目标公司进行调查时受让方应与目标公司的其他股东以及董事、公司管理层进行较为充分的沟通，为自己行使股东权利做出一个前期的基础。

风险4：公司负债的风险

在股权转让合同中，受让方最关心的应该是目标公司的负债问题。负债应包括出让股东故意隐瞒的对外负债和或有负债。或有负债包括受让前，目标公司正在进行的诉讼的潜在赔偿，或因过去侵犯商标或专利权、劣质产品对客户造成伤害等未来可能发生的损害赔偿，这些均不是股权出让方故意不揭示或自己也不清楚的负债。

在风险分担的商议中，受让方所争取的是与出让方划清责任，要求在正式交割前的所有负债，不管是故意还是过失，均由出让方承担。但是要注意到，股权的转移并不影响到债权人追索的对象，受让方在成为目标公司股东后，仍然需要清偿该债务，根据股权转让合同向出让方追偿。

风险5：其他关于股权转让的法律强制性规定

股权转让合同签订不得违反法律法规、政策或公司章程关于转让时间、转让主体、受让主体的限制性规定《公司法》规定。

股份公司发起人持有的本公司股份自公司成立之日起三年内不得转让；公司董事、监事、经理持有的本公司股份在任职期间内不得转让其持有的公司的股份；法律法规、政策规定不得从事赢利性活动的主体，不得受让公司股权成为公司股东，例如各级国家机关的领导；法律法规对交易主体权利能力有禁止性规定的，这类主体不得违反规定订立股权转让合同，例如，股东不得向公司自身转让股权，但《公司法》规定股份公司为减少资本而注销公司股份和与持有本公司股份的公司兼并这两种情形例外。在股权转让活动中违反这些法律强制性规定，将会导致股权转让合同无效。

三 明确承包各方责权利，增强企业活力——承包经营管理

 承包经营的认定 明确双方责权利

（1）所有权和经营权相分离

承包经营管理是转变企业经营机制、增强企业活力、提高经济效益的一种经营方式。承包经营责任制是指在坚持企业所有制形式不变的条件下，按照所有权和经营权相分离的原则，以承包经营合同的形式，确定所有者和经营者之间的责、权、利关系，承包者只是企业的经营管理者，其对所承包企业的财产没有任何所有权和处分权。

（2）承包方获得的是经营管理权而非独立的经营资格

通过承包，承包人获得的是对企业或企业部门的经营管理权，而不是获得自身独立的经营资格。承包人和发包人在签订承包合同后，必须到工商机关办理承包变更手续。

承包经营不能创设新的企业，不管其具体的承包经营形式如何，都不得以承包经营的名义，使个人、单位或其他组织不经工商行政管理机关登记就获得新的市场主体经营资格，成为市场上新的单独的经营主体。

（3）发包方有一定的管理职责

在承包关系中，发包方除了保留所有权和收益权外，保留对企业一定的管理权，如对企业的发展规划、内部分配、管理指标等进行一定的控制，所以所有权和经营权只是相对分离。在承包关系中，除了经济关系外，还带有行政管理的色彩，如发包方要对承包方进行年度考核和后期考核。承包合同规定的是经营目标，除了实现利润、上缴利润等利润指标外，往往还有其他管理指标和技术指标。

② 承包经营常见的五大内部风险及应对方式

（1）承包经营常见的五大风险

承包经营在实践中存在着各种各样的风险，虽然产生的后果完全不相同，但这些风

险不外乎来自公司内部和外部。对风险的"路径"有了客观的分析，有利于将其"拒之门外"。本文主要从实践中常见的几种风险进行探讨，但现实中也不仅仅限于这些风险。

风险1：承包股东的道德风险

承包股东在承包经营期间，掌握着发包公司部分决策权、人事权、监督管理权。当这种权力失去必要监督，完全为承包股东的个人利益服务时，必然产生权力的滥用。

风险2：特殊股东主张股东权的风险

在公司内部承包期间，若公司其他股东根据《公司法》第34条的规定，要求查阅公司会计账簿，在承包股东不予配合的情况下，发包公司如何处理？若该股东向人民法院起诉，要求查阅公司账簿，在承包股东拒绝提供的情况下，发包公司如何才能实现股东的账簿查阅权？因为承担股东账簿查阅的义务主体是公司，而不是承包股东，所以，股东无须为此承担任何责任。

风险3：监事会的干预风险

承包股东在交纳承包费后就享有一定自主经营管理的权利，监事（会）作为发包公司的监察机构，依然要信守发包公司与承包股东之间的约定。监事（会）的法定职权就被承包经营合同的约定所替代，那么，监事（会）事实上就起不到什么制约作用。当监事（会）行使法定职权时，不免会干扰承包股东的经营管理活动，若因此给承包股东造成经济上的损失，那么，承包股东必然要求发包公司承担违约赔偿责任。但是在发包公司承担赔偿责任之后，如何向监事（会）追偿？

风险4：董事会争夺权力的风险

董事会作为公司的意思决定机关，享有《公司法》第47条、第109条第4款所规定的决策权、人事权、监督权。但是在公司承包给股东经营后，承包股东就享有了几乎与董事会相同的大部分职权。虽然公司的一部分经营管理活动交付给了承包股东，但发包公司作为独立法人，其自身依然要运行和发展，那么董事会就必须承担起其应有的职责。在如此权力交错之处，董事会享有比承包股东更有利的优势：一是其职权法定，可在法律规定的范围内自由活动；二是其由股东会选举产生，有强大的"后台"支撑；三是其行使职务的后果由公司承担，无后顾之忧；四是其不是承包合同的主体，不受该合同的约束。因此，在公司内部承包过程中，若不对董事会的职权作出有效的限制，内部承包合同就如同一张一捅就破的白纸。

风险5：行为混同的责任风险

在公司承包经营期间，发包公司的法人独立行为，承包股东的经营管理行为，对内对外都是以发包公司的名义作出的，不然将会导致某些行为无效。责任自负，是一个古老的公理性法理，但是在公司内部承包经营过程中，发包公司的法人独立行为与承包股东的经营管理行为交织在一起，任何一方都有可能将不利后果推向对方，因此，发、承包双方都存在为不明确的"公司行为"承担风险的可能。

（2）针对五大风险所应采用的应对方式

应对风险方式1：审慎制订承包合同

承包合同是当事人之间的民事行为，具有私法效果。其合法、有效与否，直接影响到内部承包的成败。同时，承包合同也是发、承包双方最大限度降低各自风险的首选工具。因此，双方均应认真对待承包经营合同。

首先，内容要合法。应符合《合同法》《公司法》《民法通则》中的相关规定，并不得违反其他法律的强制性规定。

其次，双方主体要适格。在与承包股东签订承包合同时，有的公司以股东会的名义，或以董事会的名义，或以发包股东的名义。不管是公司股东会，还是董事会，都不具有独立从事民事行为的能力，自然不具有签订承包合同的资格。可参照《关于承包经营中外合资经营企业的规定》第五条第一款的规定，由发包公司与承包股东之间签订承包经营合同，既可避免承包股东和发包股东之间签订的承包合同内容与股东权或股东会、董事会职权发生冲突而导致合同无效，也有利于双方发生争议时通过司法途径得以救济。

再次，统一内部意见。因公司进行承包经营，是重大经营活动的调整。为防止发生争议，承包合同应提交除承包股东外的股东会一致同意，避免法定股东权与"约定股东权"发生冲突或反对股东提起撤销诉讼。同时，董事会、监事会应在承包合同上附署相关意见，尽量减少合同的履行过程中各方的权力打架。

最后，承包期限应适当。若承包合同期限过短，不利于承包股东经营管理能力的发挥，不易实现内部承包的效果。若承包期限过长，又增大了双方的风险。因此，在约定承包合同期限时，应尽量把承包期限控制在三年内，与《公司法》中的"三年"强制性规范保持一致。

应对风险方式2：合理分配收益和亏损，减少公司内部利益斗争

虽然公司的未来收益或亏损是无法确定的，但发、承包双方都可以根据公司的生产能力、市场因素等，作一个综合的评估。可在承包合同中约定：当承包期间公司的收益超过一定数额时，超过部分收益由发、承包双方按约定比例分享；当承包期间，非承包股东过错，公司亏损超过一定数额时，超过部分的亏损由发、承包双方按约定比例承担。这样，既防止了非承包股东"利益心理"底线的突破，也可减少承包股东"道德风险"的发生，不至于使承包经营严重超越股东的期望值和承受能力。

应对风险方式3：明确内部各方的权利，尽力避免内耗

对于《公司法》和公司章程中规定的股东权，如账簿查阅权、股东直接或派生诉权、股利分配权等，不宜在承包经营合同中加以限制。由于这些权利只是对公司的经营管理活动起到间接的制约作用，所以，对承包股东的直接影响较小。但是，在公司董事会、监事会"瘫痪"的情况下，股东还可通过行使《公司法》第152条规定的权利，维护发包公司的利益。

股东会是公司的权力机关，即使在公司承包经营期间，原则上股东会的职权仍然专属于股东会。但是在公司年度预决算、利润分配、亏损弥补方案，以及短期经营计划、一定限额投资方案的审议上，应给予承包股东适度的自由空间，保障其经营能力的发挥。

在公司承包经营期间，对董事会的职权必须作出一定的限制，否则就会呈现"一山二虎"的局面。在此期间，董事会主要实施对承包股东经营管理活动的监督，以及代表公司处理与公司承包经营不发生直接冲突的其他事务。

监事会在此期间的主要职责是维护股东和职工的合法权益，在监督公司经营、财务状况方面应作一定的限制。

为保障各方权利的有效行使，承包股东应与发包公司其他股东、股东会、董事会、监事会作出特别的约定，让其承诺在承包经营期间放弃部分权利，并将这些权利委托给承包股东代为行使。这种承诺只对公司内部各方产生约束力，既不破坏公司法人治理结构，也

不违反法律的强制性规定，更没有侵害第三人的利益。

应对风险方式4：规范用印制度，维护各方利益

在承包经营期间，发、承包双方应共同委托公司行政和财务人员负责公司印鉴管理，完善公司用印审批、登记、备案制度。是发包公司独立行为，还是承包股东以公司名义作出的行为，或者是双方共同行为，就可作出明确的区分，减少责任的推诿。

③ 三大承包经营外部风险及应对方式

（1）承包经营的三大外部风险

有限责任公司是带有一定人合性的资合公司，对来自公司内部的风险，可通过内部协商，相互妥协，将这些风险控制在最低限度。而发、承包双方都要面对的是来自公司外部的风险，而且，有的风险是任何一方都无法预料、无法控制的。

风险1：来自自愿债权人的风险

自愿债权人作为公司参与人，对公司的经营模式有比较清楚的了解，一般情况下都遵守"游戏规则"，随时决定参与或退出"游戏"。但是，当自愿债权人自身利益受到一定影响时，他们就很可能打破这种"游戏规则"，利用公司内部承包不影响公司人格独立的特点，选择最有利的方式保障自己债权的实现，使发包公司和承包股东都得为"各自的债务"承担"连带责任"。更有甚者，以承包股东与发包公司"人格混同"为由，要求承包股东为其债务承担真正的连带责任，将公司内部承包推上风尖浪头。

风险2：来自非自愿债权人的风险

公司非自愿债权人，一般不顾及公司采用何种经营方式，一旦其权利受到侵害，矛头就直指公司。但是公司在经营活动中，有些危害后果是渐进发生的，不是立刻就会显现。如，化工企业的环境污染侵权、矿山企业的地质灾害侵权。赔偿责任可能是发生承包经营期间，也可能发生在承包经营期后，特别是在支付了巨额赔偿之后，发、承包双方如何分担？

风险3：来自侵权人的风险

侵犯公司知识产权和者商业秘密的行为，给公司造成的损害，往往难以做出准确的评估。因此，如何应对这种风险成了一个问题。

（2）应对三大外部风险的方式

应对风险方式1：公示承包合同

为了有利于公司承包的进行，若原公司章程规定由公司董事长担任公司法定代表人，可以修改章程的形式将公司法定代表人变更为公司经理。由承包股东或选任人员担任总经理兼法定代表人，不管在法律上，还是在实际经营活动中，都为承包股东行使公司经营管理权提供了便利条件。在对修改公司章程和变更法定代表人时，可将公司内部承包合同作为股东会决议的附件，一并进行登记。既解决了对承包合同进行单独登记上的困难，也使承包合同具有公示性，产生对抗第三人的效力。同时，也可预防公司债权人提起否认公司法人格诉讼。

对于承包股东与其他股东、股东会、董事会、监事会之间的承诺协议，印章使用管理制度等，是只对公司内部各方产生约束力约定，无须进行公示。

应对风险方式2：完善担保制度，增强抗风险能力

为防止承包前的公司行为造成的损害后果在承包股东经营管理期间发生，双方可从承包费中提取一定比例的共管资金。在支付赔偿后，根据事实和约定分清责任，避免相互推卸，影响到承包合同的正常履行。

为防止承包股东在经营管理期间遗留下危害公司利益的隐患，承包合同中应约定，在承包股东承包经营期届满后若干年内，不得转让其股权。

承包股东在对经营状况特别困难的公司进行拯救式承包时，为保障公司的正常运营，往往要投入大量的资金。若不做好资金和产品担保，在缺乏公权力的保护下，很容易成为承包前公司债权人的"囊中之物"。不但不能使公司起死回生，反而还牺牲了自己的有限责任。因此，承包股东在投入大量资金时，应避免将资金注入公司账户。可将资金转换成原材料和设备借贷给公司，以其产品设立浮动担保，并进行登记。虽然这种方法很难登上大雅之堂，但对于盘活困难公司，也不失为一剂"良药"。

管理工具箱

一 公司股权管理工具

❶ 设立有限公司需要的相关资料

设立有限责任公司需要的材料：

1. 公司法定代表人签署的《公司设立登记申请书》。

2. 全体股东签署的《指定代表或者共同委托代理人的证明》（股东为自然人的由本人签字；自然人以外的股东加盖公章）及指定代表或委托代理人的身份证复印件（本人签字）。

应标明具体委托事项、被委托人的权限、委托期限。

3. 全体股东签署的公司章程（股东为自然人的由本人签字；自然人以外的股东加盖公章）。

4. 股东的主体资格证明或者自然人身份证明复印件。

股东为企业的，提交营业执照副本复印件；股东为事业法人的，提交事业法人登记证书复印件；股东为社团法人的，提交社团法人登记证书复印件；股东为民办非企业单位的，提交民办非企业单位证书复印件；股东为自然人的，提交身份证明复印件。

5. 依法设立的验资机构出具的验资证明。

6. 股东首次出资是非货币财产的，提交已办理财产权转移手续的证明文件。

7. 董事、监事和经理的任职文件及身份证明复印件。

依据《公司法》和公司章程的规定和程序，提交股东会决议、董事会决议或其他相关材料。股东会决议由股东签署（股东为自然人的由本人签字；自然人以外的股东加盖公章），董事会决议由董事签字。

8. 法定代表人任职文件及身份证明复印件。

根据《公司法》和公司章程的规定和程序，提交股东会决议、董事会决议或其他相关材料。股东会决议由股东签署（股东为自然人的由本人签字；自然人以外的股东加盖公章），董事会决议由董事签字。

9. 住所使用证明。

自有房产提交产权证复印件；租赁房屋提交租赁协议原件或复印件以及出租方的产权证复印件；以上不能提供产权证复印件的，提交其他房屋产权使用证明复印件。

10. 《企业名称预先核准通知书》。

11. 法律、行政法规和国务院决定规定设立有限责任公司必须报经批准的，提交有关的批准文件或者许可证书复印件。

12. 公司申请登记的经营范围中有法律、行政法规和国务院决定规定必须在登记前报经批准的项目，提交有关的批准文件或者许可证书复印件或许可证明复印件。

13. 本局所发的全套登记表格及有关材料。

提交复印件的，应当注明"与原件一致"并由股东加盖公章或签字。以上需股东签署的，股东为自然人的，由本人签字；自然人以外的股东加盖公章。

设立一人有限责任公司需要的材料：

1. 公司法定代表人签署的《公司设立登记申请书》。

2. 股东签署的《指定代表或者共同委托代理人的证明》（股东为自然人的由本人签

字，法人股东加盖公章）及指定代表或委托代理人的身份证复印件（本人签字）。

应标明具体委托事项、被委托人的权限、委托期限。

3. 股东签署的公司章程（股东为自然人的由本人签字，法人股东加盖公章）。

4. 股东的法人资格证明或者自然人身份证明复印件。

股东为企业法人的，提交营业执照副本复印件；股东为事业法人的，提交事业法人登记证书复印件；股东人为社团法人的，提交社团法人登记证复印件；股东是民办非企业单位的，提交民办非企业单位证书复印件；股东是自然人的，提交身份证明复印件。

5. 依法设立的验资机构出具的验资证明。

6. 股东首次出资是非货币财产的，提交已办理财产权转移手续的证明文件。

7. 董事、监事和经理的任职文件及身份证明复印件。

依据《公司法》和公司章程的规定和程序，提交股东签署的书面决定（股东为自然人的由本人签字，法人股东加盖公章）、董事会决议（由董事签字）或其他相关材料。

8. 法定代表人任职文件及身份证明复印件。

依据《公司法》和公司章程的规定和程序，提交股东签署的书面决定（股东为自然人的由本人签字，法人股东加盖公章）、董事会决议（由董事签字）或其他相关材料。

9. 住所使用证明。

自有房产提交产权证复印件；租赁房屋提交租赁协议原件或复印件以及出租方的产权证复印件；以上不能提供产权证复印件的，提交其他房屋产权使用证明复印件。

10. 《企业名称预先核准通知书》。

11. 法律、行政法规和国务院决定规定设立一人有限责任公司必须报经批准的，提交有关的批准文件或者许可证书复印件。

12. 公司申请登记的经营范围中有法律、行政法规和国务院决定规定必须在登记前报经批准的项目，提交有关的批准文件或者许可证书复印件或许可证明复印件。

13. 本局所发的全套登记表格及有关材料。

提交复印件的，应当注明"与原件一致"并由股东加盖公章或签字以上需股东签署的，股东为自然人的，由本人签字；自然人以外的股东加盖公章。

设立国有独资有限责任公司需要的材料：

1. 公司法定代表人签署的《公司设立登记申请书》。

2. 出资人签署的《指定代表或者共同委托代理人的证明》及指定代表或委托代理人的身份证复印件（本人签字）。

应标明具体委托事项、被委托人的权限、委托期限。

3. 出资人签署的公司章程。

4. 依法设立的验资机构出具的验资证明。

5. 股东首次出资是非货币财产的，提交已办理财产权转移手续的证明文件。

6. 董事、监事、经理的任职文件及身份证明复印件。

根据公司章程的规定和程序，提交出资人或授权部门的书面决定（加盖公章）、董事会决议（由董事签字）或其他相关材料。

7. 法定代表人的任职文件及身份证明复印件。

根据公司章程的规定和程序，提交出资人或授权部门的书面决定（加盖公章）、董事会决议（由董事签字）或其他相关材料。

8. 住所使用证明。

自有房产提交产权证复印件；租赁房屋提交租赁协议原件或复印件以及出租方的产权证复印件；以上不能提供产权证复印件的，提交其他房屋产权使用证明复印件。

9. 《企业名称预先核准通知书》。

10. 法律、行政法规和国务院决定规定设立国有独资公司必须报经批准的，提交有关的批准文件或者许可证书复印件。

11. 公司申请登记的经营范围中有法律、行政法规和国务院决定规定必须在登记前报经批准的项目，提交有关的批准文件或者许可证书复印件或许可证明复印件。

12. 出资人为企业法人提交《企业法人营业执照》。

13. 本局所发的全套登记表格及有关材料。

提交复印件的，应当注明"与原件一致"并由股东加盖公章或签字以上需股东签署的，股东为自然人的，由本人签字；自然人以外的股东加盖公章。

设立股份有限责任公司需要的材料：

1. 公司法定代表人签署的《公司设立登记申请书》。

2. 董事会签署的《指定代表或者共同委托代理人的证明》及指定代表或委托代理人的身份证复印件（本人签字）。

应标明具体委托事项、被委托人的权限、委托期限。

3. 公司章程（由全体发起人加盖公章或者全体董事签字）。

4. 发起人的主体资格证明或者自然人身份证明复印件。

发起人为企业的，提交营业执照副本复印件；发起人为事业法人的，提交事业法人登记证书复印件；发起人为社团法人的，提交社团法人登记证复印件；发起人是民办非企业单位的，提交民办非企业单位登记证书复印件；发起人是自然人的，提交身份证明复印件。

5. 依法设立的验资机构出具的验资证明。

6. 股东首次出资是非货币财产的，提交已办理财产权转移手续的证明文件。

7. 董事、监事和经理的任职文件及身份证明复印件。

依据《公司法》和公司章程的规定和程序，提交股东大会决议（募集设立的提交创立大会的会议记录）、董事会决议或其他相关材料。股东大会决议（创立大会会议记录）由发起人加盖公章或由会议主持人和出席会议的董事签字；董事会决议由董事签字。

8. 法定代表人任职文件及身份证明复印件。

依据《公司法》和公司章程的规定和程序，提交董事会决议，董事会决议由董事签字。

9. 住所使用证明。

自有房产提交产权证复印件；租赁房屋提交租赁协议原件或复印件以及出租方的产权证复印件；以上不能提供产权证复印件的，提交其他房屋产权使用证明复印件。

10. 《企业名称预先核准通知书》。

11. 募集设立的股份有限公司公开发行股票的还应提交国务院证券监督管理机构的核准文件。

12. 公司申请登记的经营范围中有法律、行政法规和国务院决定规定必须在登记前报经批准的项目，提交有关的批准文件或者许可证书复印件或许可证明复印件。

13. 法律、行政法规和国务院决定规定设立股份有限公司必须报经批准的，提交有关的批准文件或者许可证书复印件。

14. 本局所发的全套登记表格及有关材料。

提交复印件的，应当注明"与原件一致"并由股东加盖公章或签字以上需股东签署的，股东为自然人的，由本人签字；自然人以外的股东加盖公章。

② 房产经纪公司注册须知

房地产经纪机构注册须知

	有限责任公司		个人独资企业 （房地产经纪事务所）
	普通有限公司	一人有限公司	
最低注册资金	人民币3万元	人民币10万元	无
股东（或投资人）情况	2人以上	1人	1人
法人情况	一般为股东之一	一般为股东	为投资人
所需材料	见附表一	见附表一	见附表一
经纪人证书	5张	5张	1张
一般流程	1. 名称预核准 2. 经纪人证书认定 3. 申请设立登记	1. 名称预核准 2. 经纪人证书认定 3. 申请设立登记	1. 名称预核准 2. 经纪人证书认定 3. 申请设立登记
登记相关部门	各区工商局注册科及市场科	各区工商局注册科及市场科	各区工商局注册科及市场科
受理时限	资料备齐后申请，受理后15个工作日核准	资料备齐后申请，受理后15个工作日核准	资料备齐后申请，受理后15个工作日核准
公司财务结构	一般要配置2人，会计1人，出纳1人 若要简单配置，则可令店务秘书兼任出纳一职，另聘请一名兼职会计		
相关说明	以上信息仅供参考，因法规及政策变动较频繁，注册前应详细咨询当地工商局。上海市及各区工商行政管理局联系方式见附表二		
	公司登记因涉及较为复杂的材料，故建议注册时委托专业的代理机构		
	上述信息及材料仅指公司一般的注册情况及流程，需注意，在上海市不同的区注册，在流程及所需提交材料上可能稍有不同		
	股东及法人应为国内户籍，最好是上海籍		
	注册房地产经纪机构，经纪人证书的认定是前置程序，按目前掌握的政策，经纪人证书的数量见上表，但由于政策变动频繁因素，以上数据有可能发生变化，注册时应根据当地区工商局市场科的要求而定		

房产经纪公司注册需提交资料

办理注册登记需提交材料

普通有限公司	一人有限公司	个人独资企业
1. 公司法定代表人签署的《公司设立登记申请书》	1. 公司法定代表人签署的《公司设立登记申请书》	1. 投资人签署的个人独资企业设立登记申请书
2. 全体股东签署的《指定代表或者共同委托代理人的证明》及指定代表或委托代理人的身份证复印件	2. 股东签署的《指定代表或者共同委托代理人的证明》及指定代表或委托代理人的身份证复印件	2. 企业名称预先核准通知书
		3. 申请人身份证原件和复印件
3. 全体股东签署的公司章程	3. 股东签署的公司章程	4. 职业状况承诺书
4. 股东的主体资格证明（身份证明复印件）	4. 股东的主体资格证明（身份证明复印件）	5. 企业住所证明：租房协议书、产权证明、居改非证明
5. 依法设立的验资机构出具的验资证明	5. 依法设立的验资机构出具的验资证明	6. 法律、行政法规规定设立个人独资企业必须报经有关部门批准的，提交批准文件
6. 股东首次出资是非货币财产的，提交已办理财产权转移手续的证明文件	6. 股东首次出资是非货币财产的，提交已办理财产权转移手续的证明文件	7. 从事的经营范围涉及法律、行政法规规定必须报经审批项目的，提交有关部门批准文件
7. 董事、监事和经理的任职文件及身份证明复印件	7. 董事、监事和经理的任职文件及身份证明复印件	8. 如委托他人代理，应提供投资人的委托书及代理机构的营业执照复印件、代理人资质
8. 法定代表人任职文件及身份证明复印件	8. 法定代表人任职文件及身份证明复印件	9. 1张经纪人证书及经认定后的证明材料
9. 住所使用证明	9. 住所使用证明	
10. 《企业名称预先核准通知书》	10. 《企业名称预先核准通知书》	提交复印件的，应当注明"与原件一致"并由股东签字
11. 工商局所发的全套登记表格及有关材料	11. 工商局所发的全套登记表格及有关材料	
12. 5张经纪人证书及经认定后的证明材料	12. 5张经纪人证书及经认定后的证明材料	
提交复印件的，应当注明"与原件一致"并由股东签字	提交复印件的，应当注明"与原件一致"并由股东签字	

4 借证协议书

借证协议书

甲方：

乙方：

甲乙双方为借用房地产经纪证书达成如下协议：

1. 甲方向乙方借用乙方本人房地产经纪人证书一张（证号：＿＿＿＿＿＿＿＿）。

2. 借用时间为一年，自＿＿＿年＿＿＿月＿＿＿日起至＿＿＿年＿＿＿月＿＿＿日止。

3. 借用费用：一年共计人民币＿＿＿＿＿元。上述款项每半年一付：本协议签订之日支付人民币＿＿＿＿＿元，本协议签订之日6个月后支付人民币＿＿＿＿＿元。

4. 借用期间甲方不得做有损乙方及该经纪人的事务。如有违反房地产经纪规则操作并造成后果则由甲方负全部责任。反之，乙方亦相同。

5. 期满后如乙方不再续借给甲方或甲方不再续借，在提前一个月通知的情况下，甲方如不能如期取出乙方证书（即将该证书归还并保证该证书可变更至其他房地产经纪组织），须承担上述一年借用费用10%的违约金，并赔偿因此给乙方造成的损失。除违约金外，甲方仍须支付自取出日之前的按当时市场价计算的借证费用。

6. 本协议一式两份，甲、乙双方各执一份。

7. 本协议自甲乙双方签字生效。

甲方：　　　　　　　　　乙方：

日期：　　　　　　　　　日期：

5 设立有限责任公司合同

设立有限责任公司合同

各出资方双方本着互利互惠、共同发展的原则，经充分协商，决定共同出资建立＿＿＿＿＿＿＿＿有限公司，特订立本合同。

1. 出资各方

甲方：　　　　身份证号码：　　　　住址：　　　　联系方式：

乙方：　　　　身份证号码：　　　　住址：　　　　联系方式：

2. 设立公司

（1）出资方根据《中华人民共和国公司法》及有关法律规定，决定在上海市设立_____有限公司。

公司地址：_____。

公司法定代表人：_____。

（2）公司为有限责任公司，各方以各自认缴的出资额对_____有限公司的债务承担责任；各方按各自的出资额在投资总额中所占的比例分享利润和分担风险及损失。

3. 公司经营项目和规模

（1）公司的经营项目为房地产经纪

其中注册资金为_____万元整，流动资金_____万元。

甲方以货币作为出资，出资额为美元_____万元，占投资总额__%；

乙方以货币作为出资，出资额为人民币_____万元，占投资总额__%。

（2）合同签订后30日内各方将现金投资足额存入_____有限公司在银行开设的临时账户。

（3）任何一方向第三方转让其部分或全部出资额时，须经其他出资方过半数同意。任何一方转让其部分或全部出资额时，在同等条件下其余各方有优先购买权。违反上述规定的，其转让无效。

4. 股东会

股东会是公司的最高权力机构，决定公司的一切重大事宜。

股东会由以下人员构成：

甲方：_____，持股____%；

乙方：_____，持股____%；

股东会由股东按照出资比例行使表决权。

5. 董事会与其他

（1）公司营业执照签发之日应成立董事会。

董事会由___名董事组成。其成员为_____。由_____担任董事长。董事会成员任期__年。经股东会选举可以连任。

（2）公司总经理由_____担任。

6. 经营期限及期满后财产处理

（1）公司经营期限为____年。营业执照签发之日为公司成立之日。

（2）经营期满或提前终止合同，各方应依法对公司进行清算。清算后的财产，按各方出资比例进行分配。

7. 违约责任

（1）任何一方未按合同第三条规定依期如数提交出资额时，每逾期一日，违约方应向已足额出资方支付出资额的 1% 作为违约金。

（2）由于任何一方过错，造成本合同不能履行或不能完全履行时，由过错方承担其行为给公司造成的损失。

8. 合同的变更和解除

（1）本合同的变更需经各方协商同意。

（2）任何一方违反本合同约定，造成本合同不能履行或不能完全履行时，经其余各方一致同意可解除合同。

（3）因国家政策变化而影响本合同履行时，按国家规定执行。

9. 不可抗力情况的处理

一方因不可抗力的原因不能履行合同时，应立即通知其余各方，并在15日内提供不可抗力的详情及有关证明文件。

10. 争议的解决

（1）在本合同执行过程中出现的一切争议，由双方协商解决。经协商仍不能达成协议的，提交上海仲裁委员会按其仲裁规则进行仲裁。

（2）合同的生效及其他。

（3）本合同在所有出资方签字后生效。合同期满后，经各方同意，可以续签。

（4）本合同未尽事宜，由各方共同协商解决。

（5）本合同一式__份，所有出资方各执一份。

各方签名：

日期：

6 股东出资协议书

股东出资协议书

依据《中华人民共和国公司法》，我们各股东经过慎重研究，一致同意按照该法律规定应具备的条件，自愿出资申请设立一个有限责任公司，特制定协议如下：

1. 申请设立的有限责任公司名称为"＿＿＿＿＿＿＿"（以下简称公司），公司名称以公司登记机关核准的为准。

2. 公司主要经营＿＿＿＿＿行业。

公司住所拟设在＿＿＿＿＿＿＿＿＿＿＿＿＿。

3. 股东姓名或者名称，股东的出资方式和出资额。

序号	股东名称	法定代表人	出资方式	出资额
1				
2				

4. 公司名称预先核准登记后，应当在＿＿＿＿＿＿天内到银行开设公司临时账户。股东以货币出资的，应当在公司临时账户开设后＿＿＿＿＿＿天内，将货币出资足额存入公司临时账户。

5. 股东不按协议缴纳所认缴的出资，应当向已足额缴纳出资的股东承担违约责任。

6. 股东以其出资额为限对公司承担责任，公司以其全部资产对公司的债务承担责任。

7. 全体股东同意指定＿＿＿＿＿＿＿＿＿为代表作为申请人，对公司向登记机关提交的文件、证件的真实性、有效性和合法性承担责任。

8. 因各种原因导致申请设立公司已不能体现股东原本意愿时，经全体股东一致同意，可停止申请设立公司，所耗费用由各股东按＿＿＿＿＿＿办法承担。

股东签名、盖章：

签订协议地点：

签订协议时间：

7 设立内资房地产经纪公司

设立内资房地产经纪公司情况介绍

一、注册要求

1. 投资方：可以是公司也可以是个人，2人以上

2. 注册资金：最低10万人民币

3. 五张经纪人证书

4. 注册场地：非住宅性质房屋

二、应办理的证照明细

1. 营业执照

2. 市场科资格认定

3. 组织机构代码证

4. 税务登记证

5. 银行开户许可证

6. 刻章（公章、财务专用章、法定代表人章、发票专用章）

7. 统计证

三、操作流程

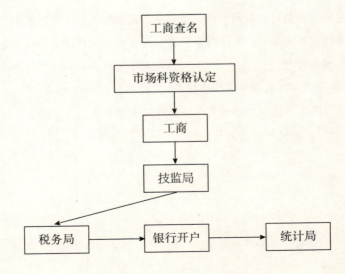

四、所需时间

一个半月左右可完成上述全部证照的办理。其中完成营业执照需一个月的时间。

五、所需准备的资料明细

1. 投资方材料

投资方为公司：营业执照复印件、资产负债表、损益表

投资方为个人：身份证复印件、个人履历（工作简历）

2. 新公司材料

（1）新公司名称：上海+字号+房地产经纪有限公司（备用名称5个）

（2）新公司场地资料：租赁合同原件、产权证明复印件

（3）新公司注册资金数目、各股东出资比例

新公司经营范围：房地产经纪（供参考）。

 设立外资房地产经纪公司费用及流程

外商投资境内企业费用（Charges List of setting up WOFE）

收费项目 ITEMS	费用(人民币) FEES(RMB)	收费单位 CHARGED BY
查名 Name Application	100	上海工商局 SAIC
批准证书 Approval Certificate	10	外资委 SFIC
开业 Business Operation	注册资本的万分之八 0.0008 of the Registered Capital	上海工商局 SAIC
电子营业执照 Electronic Business License	280	上海工商局 SAIC
公告 Public Notice	0	已取消
组织机构代码证 Organization Code	228	代码局 Organization Code Bureau

收费项目 ITEMS	费用(人民币) FEES(RMB)	收费单位 CHARGED BY
刻章 Seal	400	刻章社 Seal-carving Company
税务登记证 Tax Registration Certificate	20	税务局 Tax Bureau
外汇备案 Foreign Currency Registration	500	外汇管理局 Administration of Foreign Exchange
翻译费 Translation Fees	100/张	翻译公司 Translation Company
外经贸委 Shanghai Foreign Economic & Trade Commission(SFETC)	150	外经贸委 SFETC
财政登记证 Fiscal Registration Certificate	20	办证中心 Certificate Center
代理费 Agency Fees		

所需材料：

Documents prepared by the investor:

1. 若是个人投资，须投资人身份证明复印件及其公证认证（于当地公证机关进行公证，再于中国大使馆进行认证）（2份）；若是公司投资，须投资公司提供公司开业证明复印件及其公证认证（2份）

If it's individually invested, copy of the investor' passport needs to be notified by local public notary, and then ceticated by the Chinese Embassy. (two pieces);

If the investor is an enterprise, business cetification must be notified by local notary office and authorized by Chinese Embassy. (two pieces)

2. 投资人银行资信证明（2份）；公司投资提供公司银行的资信证明（2份）

Individual documents of testimonial and financial credit from bank (two) (individual investment)

Providing company documents of testimonial and financial company credit from bank (two) (company investment)

3. 投资公司若成立一年以上须提供上一年度审计报告原件（1份）

The original edition of the Audit Report of 2007 if the investing company has set up for more than 1 year.(1piece)

4. 拟设立企业执行董事、监事身份证明复印件并签名（2份）

The ID copy of the CEO and the supervisor of the planned company.(two copies)

5. 拟设立企业名称（三个以上）

Planed enterprise names (more than three)

6. 若要授权他人签字的须授权书，授权人黑色水笔签字（3份）

If the investor needs other people to sign, the appointed letter is needed.(three pieces)

7. 租房协议原件2份和房产证复印件一份

Original copy of lease contract and copy of house ownership certificate

8. 拟设立企业法人1寸彩照3张；

另有其他材料由我方准备，投资方签字。

One-inch color photo of the legal representator (three)

There are other documents prepared by us and signed by the investor.

流程：

Procedures:

1. 查名（名称无重复的情况下3个工作日）

Applying for the name of being planed company (3 working days under the condition that the name is not repeated.)

2. 报送外国投资委员会申请批准证书（材料齐全的情况下约20个工作日）

Applying for approval cetification from SFIC (about 20 working days if all documents are ready.)

3. 报送工商局申请营业执照（材料齐全的情况下约10个工作日）

Applying for business license from Administration of Industry and Commerce (about 10 working days under the condition that documents are ready.)

4. 申请组织机构代码证（2个工作日）；

Applying for Organization Code Certification (2 working days)

5. 向税务局申请税务登记证（15个工作日）；

Applying for Tax Registration Certification from the Tax Bureau (15 working days)

6. 办理统计证（约1个月）；

Applying for Statistic Certification (about 1 month)

7. 办理财政登记证（约7个工作日）

Applying for Financial Registration Certification (about 7 working days)

备注：

中国香港公司或者个人来中国大陆投资，只需要公司的开业证明或者个人的身份证明通过律师再向中国法律服务（香港）有限公司做认证即可，需要原件一式两份，外资房产经纪公司需提供五张经纪人证书于工商备案即可。备案时间为15个工作日，一般注册资金在15万美元以上。

⑨ 有限责任公司章程

有限责任公司章程

为适应社会主义市场经济的要求，发展生产力，依据《中华人民共和国公司法》（以下简称《公司法》）及有关法律法规的规定，由×××、×××、×××、×××、×××等方共同出资，设立有限责任公司（以下简称公司），特制定本章程。

第一章　公司名称和注册地址

第一条　公司名称：上海××房地产经纪有限责任公司。

外文名称：SHANGHAI××××REAL ESTATE CO.，LTD

第二条　注册地址：上海市浦东新区_____。

第二章　公司经营范围

第三条　公司经营范围：房地产经纪。

第三章 公司注册资本

第四条 公司注册资本：_____万美元。

第四章 股东的姓名或者名称

第五条 股东的姓名（或者名称）如下：

×××、×××、×××、×××、×××

第五章 股东的出资比例

第六条 股东的出资比例如下：

×××：占公司股本的____%；

×××：占公司股本的____%；

×××：占公司股本的____%；

×××：占公司股本的____%；

×××：占公司股本的____%。

第七条 公司成立后，应向股东签发出资证明书。

第六章 股东的权利和义务

第八条 股东享有如下权利：

1. 参加或推选代表参加股东会并按照其出资比例行使表决权；

2. 了解公司经营状况和财务状况；

3. 选举和被选举为董事会成员（执行董事）或监事会成员（监事）；

4. 依照法律法规和公司章程的规定获取股利并转让出资额；

5. 优先购买其他股东转让的出资；

6. 优先认缴公司新增资本；

7. 公司终止后，依法取得公司的剩余财产。

8. 有权查阅股东会会议记录和公司财务会计报告；

9. 其他权利。

第九条 股东履行以下义务：

1. 遵守公司章程；

2. 按期缴纳所认缴的出资；

3. 依其所认缴的出资额为限对公司的债务承担责任；

4. 在公司办理登记注册手续后，不得抽回投资；

5. 其他义务。

第七章　股东转让出资的条件

第十条　股东之间可以相互转让其部分或全部股权。

第十一条　股东向股东以外的人转让其出资时，必须经全体股东过半数同意；股东应就其股权转让事项书面通知其他股东征求同意，其他股东自接到书面通知之日起满三十日未答复的，视为同意转让。其他股东半数以上不同意转让的，不同意的股东应当购买该转让的股权；不购买的，视为同意转让。

经股东同意转让的股权，在同等条件下，其他股东有优先购买权。两个以上股东主张行使优先购买权的，协商确定各自的购买比例；协商不成的，按照转让时各自的出资比例行使优先购买权。

第十二条　股东依法转让其出资后，公司应当注销原股东的出资证明书，向新股东签发出资证明书，并相应修改公司章程和股东名册中有关股东及其出资额的记载。

第十三条　有下列情形之一的，对股东会该项决议投反对票的股东可以请求公司按照合理的价格收购其股权，如就价格部分无法达成协议，可各方聘请评估机构评估，按所有评估机构的评估平均值作为股价：

1. 公司连续五年不向股东分配利润，而公司该五年连续赢利，并且符合本法规定的分配利润条件的；

2. 公司合并、分立、转让主要财产的；

3. 公司章程规定的营业期限届满或者章程规定的其他解散事由出现，股东会会议通过决议修改章程使公司存续的。

自股东会会议决议通过之日起六十日内，股东与公司不能达成股权收购协议的，股东可以自股东会会议决议通过之日起九十日内向人民法院提起诉讼。

第十四条　自然人股东死亡后，其合法继承人可继承股东资格。

第八章　股东会职权、议事规则

第十五条　股东会由全体股东组成，是公司的权力机构，行使下列职权：

1. 决定公司的经营方针和投资计划；

2. 选举和更换非由职工代表担任的董事、监事，决定有关董事、监事的报酬事项；

3. 审议批准董事会（或执行董事）的报告；

4. 审议批准监事会或监事的报告；

5. 审议批准公司的年度财务预算方案、决算方案；

6. 审议批准公司的利润分配方案和弥补亏损方案；

7. 对公司增加或者减少注册资本作出决议；

8. 对发行公司债券作出决议；

9. 对公司合并、分立、变更公司形式、解散和清算等事项作出决议；

10. 就公司向其他企业投资或者为他人提供担保以及公司为公司股东或者实际控制人提供担保作出决议；

11. 修改公司章程。

第十六条　股东会的首次会议由出资最多的股东召集和主持。

第十七条　股东会会议由股东按照出资比例行使表决权。

第十八条　股东会会议分为定期会议和临时会议，并应当于会议召开十五日以前通知全体股东。定期会议每六个月召开一次。临时会议由代表十分之一以上表决权的股东，三分之一以上董事，监事会或者不设监事会的公司的监事提议召开。股东出席股东会会议也可书面委托他人参加股东会会议，行使委托书中载明的权力。

第十九条　股东会会议由董事会召集，董事长主持；董事长不能履行其职务或者不履行职务的，由副董事长主持；副董事长不能履行职务或者不履行职务的，由半数以上董事共同推举一名董事主持。

董事会或者执行董事不能履行或者不履行召集股东会会议职责的，由监事召集和主持；监事不召集和主持的，代表十分之一以上表决权的股东可以自行召集和主持。

第二十条　股东会会议应对所议事项作出决议，决议应由代表百分之五十一以上表决权的股东表决通过。但股东会对公司增加或减少注册资本、分立、合并、解散或者变更公司形式、修改公司章程所作出的决议，应由代表三分之二以上表决权的股东表决通过。股东会应当对所议事项的决定做出会议记录，出席会议的股东应当在会议记录上签名。

第二十一条 公司向其他企业投资或者担保的总额不得超过公司注册资本的百分之二十五，单项投资或者担保的数额不得超过公司注册资本的百分之十五。

第二十二条 股东会就公司为公司股东或者实际控制人提供担保的进行表决，准备接受担保的股东或者实际控制人支配的股东，不得参加该事项的表决。该项表决由出席会议三分之二以上的其他所持表决权的股东通过。

第九章 董事会

第二十三条 公司设董事会，成员＿＿＿＿人，为：×××、×××、×××、
＿＿＿＿＿＿＿＿＿＿＿＿。董事任期3年，任期届满，可连选连任。董事在任期届满前，股东会不得无故解除其职务。董事会设董事长一人，副董事长人，由董事会选举和产生。

董事会行使下列职权：

1. 负责召集股东会，并向股东会报告工作；

2. 执行股东会的决议；

3. 决定公司的经营计划和投资方案；

4. 制订公司的年度财务预算方案、决算议案；

5. 制订公司的利润分配方案和弥补亏损方案；

6. 制订公司增加或者减少注册资本的方案以及发行公司债券的方案；

7. 拟订公司合并、分立、或者变更公司形式的方案；

8. 决定公司内部管理的设置；

9. 聘任或者解聘公司经理（总经理，以下简称经理），根据经理的提名，聘任或者解聘公司副经理、财务负责人，决定其报酬事项；

10. 制定公司的基本管理制度。

第二十四条 董事会会议由董事长召集和主持；董事长不能履行职务或者不履行职务时，由副董事长召集和主持。副董事长不能履行职务或者不履行职务的，由半数以上的董事共同推举一名董事召集和主持。并应于会议召开二日以前通知全体董事。

第二十五条 董事会对所议作出的决定应由二分之一以上的董事表决通过方为有效，并应作成会议记录，出席会议的董事应当在会议记录上签名。

董事会决议的表决，实行一人一票。

第二十六条 公司设总经理一名，由董事会聘任或者解聘。总经理对董事会负责，行使下列职权：

1. 主持公司的生产经营管理工作，组织实施董事会决议；

2. 组织实施公司年度经营计划和投资方案；

3. 拟订公司内部管理机构设置方案；

4. 拟订公司的基本管理制度；

5. 制定公司的具体规章；

6. 提请聘任或者解聘公司副总经理、财务负责人；

7. 聘任或者解聘除应由董事会聘任或者解聘以外的负责管理人员；

8. 董事会授予的其他职权。

经理列席董事会会议。

第十章 监事

第二十七条 公司设监事__人，为：_____。监事任期3年，任期届满，可连选连任。监事在任期届满前，股东会不得无故解除其职务。

第二十八条 监事行使下列职权：

1. 检查公司财务；

2. 对董事、高级管理人员执行公司职务的行为进行监督，对违反法律、行政法规、公司章程或者股东会决议的董事、高级管理人员提出罢免的建议；

3. 当董事、高级管理人员的行为损害公司的利益时，要求董事、高级管理人员予以纠正；

4. 提议召开临时股东会，在董事会不履行本法规定的召集和主持股东会会议职责时召集和主持股东会会议；

5. 向股东会会议提出提案；

6. 董事、监事、高级管理人员执行公司职务时违反法律、行政法规或者公司章程的规定，给公司造成损失的，应公司股东书面请求，而对董事、高级管理人员提起诉讼；

7. 公司章程规定的其他职权。

监事应列席董事会会议，并对董事会决议事项提出质询或者建议。

第二十九条 监事发现公司经营情况异常，可以进行调查；必要时，可以聘请会计师事务所等协助其工作，费用由公司承担。

第三十条　监事行使职权所必需的费用，由公司承担。

第十一章　公司的法定代表人

第三十一条　董事长为×××，任期3年，由董事会选举产生，任期届满，可连选连任。

第三十二条　公司的法定代表人兼总经理为×××，任期为3年，由董事会选举产生，任期届满，可连选连任。

第三十三条　法定代表人行使下列职权：

1. 主持股东会和召集主持董事会议；

2. 检查股东会会议和董事会议的落实情况，并向董事会报告；

3. 代表公司签署有关文件；

4. 在发生战争、特大自然灾害等紧急情况下，对公司事务行使特别裁决权和处置权，但这类裁决权和处置权须符合公司利益，并在事后向董事会和股东会报告；

5. 其他职权。

第十二章　财务、会计、利润分配及劳动制度

第三十四条　公司应当依照法律、行政法规和国务院财政主管部门的规定建立本公司的财务会计制度，并应在每一会计年度终了时制作财务会计报告，依法经会计师事务所审计后于第二年三月一日前送交各股东。

第三十五条　公司利润分配按照《公司法》及法律法规、国务院财政主管部门的规定执行。

第三十六条　劳动用工制度按国家法律法规及国务院劳动部门的有关规定执行。

第十三章　公司的解散事由与清算办法

第三十七条　公司的营业期限为十年，从《企业法人营业执照》签发之日起计算。

第三十八条　公司有下列情形之一的，可以解散：

1. 公司章程规定的营业期限届满；

2. 股东会决议解散；

3. 因公司合并或者分立需要解散的；

4. 依法被吊销营业执照、责令关闭或者被撤销的；

5. 因不可抗力致使公司无法继续经营时；

6. 公司经营管理发生严重困难，继续存续会使股东利益受到重大损失，通过其他途径不能解决的，持有公司全部股东表决权百分之十以上的股东，请求人民法院解散公司，人民法院决定解散的；

7. 宣告破产。

第三十九条 公司解散时，应依据《公司法》的规定成立清算小组，对公司资产进行清算。清算结束后，清算小组应当制作清算报告，报股东会或者人民法院确认，并报送公司登记机关，申请公司注销登记，公告公司终止。

第十四章 股东认为需要规定的其他事项

第四十条 公司根据需要或涉及公司登记事项变更的可修改公司章程，修改后的公司章程不得与法律法规相抵触，并送交原公司登记机关备案，涉及变更登记事项的，应同时向公司登记机关做变更登记。

第四十一条 公司章程的解释权在董事会。

第四十二条 公司登记事项以公司登记机关核定的为准。

第四十三条 本章程由全体股东共同订立，自公司设立之日起生效。

第四十四条 本章程一式七份，并报公司登记机关备案一份。

全体股东亲笔签字、盖章：

投资人：

签字： 时间：

投资人：

授权代表签字并盖章： 时间：

投资人：

签字： 时间：

投资人：

签字： 时间：

投资人：

签字： 时间：

⑩ 中外合资经营合同

中外合资经营合同

序 言

根据《中华人民共和国中外合资经营企业法》和中国的其他有关法规，本着平等互利的原则，合营各方通过友好协商同意在中华人民共和国上海市共同投资，联合经营上海××房地产经纪有限公司.

第一章 合营公司的组成

1. 合营各方为：

甲方：×××，在_____注册，其法定地址为：_____；法定代表人：_____；

乙方：×××

丙方：×××

丁方：×××

戊方：×××

2. 合营公司的中文名称为：上海××房地产经纪有限公司，外文名称为：

SHANGHAI_____REAL ESTATE CO.， LTD。

合营公司的注册地址:中国上海市_____；

法定代表人：_____，国籍：_____；

证件名称：_____，证件号码：_____。

3. 合营公司是在中国境内设立的合资经营有限公司，是中国的法人。公司的一切经营活动必须遵守中国的法律，法令和条例的规定。

第二章 营业范围与服务内容

1. 营业范围：

合营公司将承担下列各类项目的服务：房地产经纪、房地产经纪特许经营等。

2. 服务内容：

合营公司在其营业范围内，将为客户提供下列各类服务：房地产咨询、代理、居间、董事会批准的其他服务项目。

3. 合营公司将根据上述服务范围，类别及公司营业计划，寻求承担中国国内或国外项目。

第三章 投资总额及资本转让

1. 合营公司的注册资本为＿＿＿万元美金，投资比例如下：

×××：占公司股本的＿＿＿%；

×××：占公司股本的＿＿＿%；

×××：占公司股本的＿＿＿%；

×××：占公司股本的＿＿＿%；

×××：占公司股本的＿＿＿%。

2. 合营各方应按期缴足投资资金。

3. 注册资本的增加转让或以其他方式处置，均经董事会通过，并报原审批机关办理登记手续。

4. 合营一方向第三者转让全部或部分出资额，需经公司他方同意，公司他方有权优先购买其转让的股份。合营一方向第三者转让出资额的条件，不得比向合营他方转让出资额的条件优惠。

第四章 利润分配和亏损负担

1. 合营公司利润在按中国税法纳税完了以后，由董事会决定扣除公司的储备基金，企业基金和职工福利基金后，合营各方按出资比例分享利润或分担亏损或风险。

2. 合营公司的资产负债，仅以公司注册资本为限。

第五章 合营期限，终止合同及财产清算

1. 合营公司在领取营业执照后，即可以法人身份开始营业，合营期限为10年，合营期满合营合同自行终止。

2. 如合营各方一致同意，延长合营期限，应在合营公司期满前6个月，向有关机构提

出延长合营期限的申请，每次延长以10年为限。

3. 合营公司期限届满或提前解散时，董事会应指定一个清算委员会。清算委员会可包括或由全体董事组成，并按照中国的有关财务会计制度订立公司清算计划，妥善进行清算，合营公司的全部财产资金用于偿还公司债务，履行赔偿义务支付清算费用后，所余全部财产均应依双方所占的投资比例进行分配。

第六章　合营各方的义务

1. 甲方责任：

（1）负责由张淑琴作为合营公司的形象代言人。

（2）负责办理合营公司委托的其他事宜。

（3）保证按时缴纳投资款，并确保在其控股时合法安全经营。

2. 乙方责任：

（1）保证按实缴纳投资款，并确保在其控股时合法安全经营。

（2）确保其所控股或拥有股份的房地产经纪公司加盟该合营公司，成为合营公司的特许经营门店。

3. 丙方责任：

（1）保证按实缴纳投资款，并确保在其控股时合法安全经营。

（2）保证合法认真履行股东授权，合法经营。

4. 丁方责任：

（1）保证按实缴纳投资款，并确保在其控股时合法安全经营。

（2）保证合法认真履行股东授权，合法经营。向合营公司提供有经验的合格的技术人员及高级管理人员。协助合营公司聘请国外有关高级管理人员。

5. 戊方责任：

（1）保证按实缴纳投资款，并确保在其控股时合法安全经营。

（2）确保其所控股或拥有股份的房地产经纪公司加盟该合营公司，成为合营公司的特许经营门店。

6. 免责范围：

合营各方除按合同规定享受权利，承担义务外，对于因合营公司的行为引起或与合营公司行为有关的任何间接或直接发生的损失或损害，双方均不向对方负责。

第七章 董事会

1．公司设董事会，董事会为合营公司的最高权力机构，成员＿＿＿＿人，为：＿＿＿＿＿＿＿＿＿＿＿＿＿＿。董事任期3年，任期届满，可连选连任。董事在任期届满前，股东会不得无故解除其职务。董事会设董事长一人，副董事长人，由董事会选举和产生。

2．董事会的职权，决议程序及董事会的召开均按合营章程的规定执行。

第八章 经营管理机构

1．合营公司实行董事会领导下的总经理负责制。设总经理一名，由＿＿＿方推荐，副总经理一名，由＿＿＿方共同推荐一名。

2．总经理的职责是负责执行董事会的决议，组织和领导合营公司的经营管理工作，副总经理根据合营章程的规定，协助总经理工作。合营公司将根据本公司的业务需要下设部门经理，负责部门业务的日常工作，并对总经理和副总经理负责。

3．正副总经理由合营公司董事会任命和免职，正副总经理不得兼任其他公司和企业的总经理和副总经理的职务，各部门经理由总经理任命。

第九章 财务会计制度

1．合营公司的财务会计制度应根据中华人民共和国有关法律和财会规定，结合本公司的实际情况加以制定．合营公司注册登记后，应及时到当地财务部门和税务机关备案。

合营公司在中国银行开立人民币和外汇账户，也可以在经批准和指定的国外其他银行开立账户。

2．合营公司的财务会计制度，应采用日历年制，自公历每年1月1日起至12月31日止，为一个会计年度。公司会计采用国际通用的权责发生制和借贷记账法记账。一切记账凭证，单据、报表、账簿必须用中文书写。

3．合营公司设会计，会计的职权和责任按合营公司章程的规定执行。会计由丁方推荐，会计均由董事会任命。

第十章 劳动管理

1. 合营公司职工的雇用、辞退、工资、福利、劳动保护、劳动保险及劳动纪律等事宜，均按《中华人民共和国中外合资经营企业劳动管理规定》和董事会与合营公司工会签订的劳动合同办理，劳动合同订立后，即报当地劳动管理部门备案。

2. 甲方、乙方、丙方、丁方、戊方推荐及聘用的高级管理人员、高级工程技术人员的工资及福利待遇等问题由董事会讨论决定。

第十一章 纳税

1. 合营公司按照中华人民共和国有关税法规定交纳各种税金。

2. 合营公司的职工按照《中华人民共和国个人所得税法》交纳各种税金。

第十二章 违约责任

1. 合营一方因不履行合同或履行合同义务不符合约定条件，造成合营其他方损失时，受损失方有权要求赔偿损失或采取其他补救措施。补救措施采取后尚不能完全弥补其他方所遭到的损失的，其他方仍有权要求赔偿损失。

2. 合营一方因违反合同而承担的赔偿责任，应相当于其他方因此而遭到的损失，并另行支付人民币一百万元整的违约金。

3. 合营一方未按期支付合同规定的应付金额，合营公司有权收取迟延支付金额的利息。该逾期利息按银行同期贷款利率的两倍计算。

上述逾期的利息以各自出资的货币支付。

第十三章 不可抗力

1. 合营双方因不可抗力事件（地震、台风、水灾、火灾、战争及其他不能预见并对其发生和后果不能防止或避免的不可抗力事故）以致造成受事件直接影响的一方迟延履行或无法履行本合同，在符合下列全部规定的情况下不作为违约处理。

（1）不可抗力事件是阻止、阻碍、迟延受事件影响一方履行合同的直接原因。

（2）受事件影响的一方在该事件发生的情况下，已经采取了所有能够实施的合理措施。

（3）受事件影响的一方，在遭受事件时，已立即通知合营他方，并在十五天以内，以书面形式提供事故情况，及处理结果和迟延履行或无法履行本合同的理由，并由该事故发生地的合法公证机关出具证明。

2. 一旦事件影响已克服或处理结束，受事件影响的一方必须立即通知合营他方。

第十四章　争议的解决

合同发生争议时，合营各方应尽可能通过协商或第三者调解解决。当事人不愿协商解决的，可以提交上海仲裁委员会仲裁解决。仲裁裁决是终局裁决，对双方都有约束力。

第十五章　适用法律

本合同的订立、效力、解释、履行和争议的解决均受中华人民共和国法律管辖。

第十六章　合同的变更与解除

1. 经合营各方协商同意后，可以变更或修改合同，合营各方必须就此签订书面协议方能有效。

合营任何一方未征得合营他方的书面同意，不能将本合同章程和合同附件规定的权利和义务转让给第三者。违反上述规定以任何方式转让的合同均属无效。

前两款所述变更情况，按中国法律或行政规定，应由国家批准成立的合营合同，应经原审批机关批准方能有效。

2. 有下列情形之一的，合营一方有权通知他方解除合同。

（1）企业发生严重亏损，无力继续经营；

（2）另一方违反合同，以致严重影响订立合同时所期望的经济效益；

（3）另一方在约定期限内没有履行合同，在被允许迟延履行的合理期限内仍未履行合同；

（4）发生不可抗力事件，致使合同的全部义务不能履行；

（5）合同约定的解除合同的条件已经出现。

3. 有下列情况之一的合同即告解除。

（1）仲裁机构裁决或法院判决终止合同；

（2）双方商定同意解除合同。

4. 在合营合同解除时，双方有义务完成合营公司正在进行的项目。

第十七章 合同生效及其他

1. 按本合同原则订立的如下附件，包括章程、协议、附件等均为本合同的组成部分。本合同条款与附件条款发生矛盾时，应以本合同条款为准。

2. 本合同经各方代表签字后生效。

3. 本合同于＿＿＿年＿＿＿月＿＿＿日由各方的授权代表在上海签字。

甲方：

授权代表签字并盖章：　　　　　　时间：

乙方：

签字：　　　　　　　　　　　　　时间：

丙方：

签字：　　　　　　　　　　　　　时间：

丁方：

签字：　　　　　　　　　　　　　时间：

戊方：

签字：　　　　　　　　　　　　　时间：

二 公司股权转让管理工具

 房地产经纪有限公司股权转让协议

上海××房地产经纪有限公司股权转让合同

第一章 总则

鉴于：×××与×××就转让与受让上海××房地产经纪有限公司股权事宜已经达成一致，为此，根据《中华人民共和国公司法》及其他中国有关法规，本着平等互利的原则，经友好协商，特订立本合同。

第二章 合同各方

第一条 本合同的合同各方如下：

甲方（转让方）：×××

法定地址：＿＿＿＿＿＿＿＿＿＿＿＿＿＿

乙方（受让方）：×××

法定地址：＿＿＿＿＿＿＿＿＿＿＿＿＿＿

第三章 定义

第二条 本合同及补充协议书中所用的术语，除中国法令、本合同以及补充协议对本条各项另有规定的解释之外，均以下述解释为准。

1. 法令是指一切法律法规、条例以及经法定程序颁布的行政规定，但不包括行政机关的内部规定。

2. 甲方、乙方、甲乙双方各指上公司以及彼此双方。

3. 公司是指上海×××房地产经纪有限公司。

4. 股权是指股东在公司中已出资的注册资本及有关该等注册资本所反映的所有权利，该权利包括但不仅限于现有的资产受益权利、预期收益权利、重大决策和选择管理者等权利。

5. 公司资产指上海×××房地产经纪有限公司全部有形资产和无形资产。

第四章　转让的股权

第三条　股权的形成

1. 上海××房地产经纪有限公司注册资本_____万美金，属有限责任公司。现有股东为____、____；

2. 股东×××持有上海××房地产经纪有限公司____%的股权，现×××将其持有的上海×××房地产经纪有限公司____%的股权转让给乙方。

3. 乙方同意出资受让上海××房地产经纪有限公司____%的股权。

4. 上海××房地产经纪有限公司的所有股东同意上述股权的转让行为。

5. 股权转让后，上海××房地产经纪有限公司的股权结构为：

×××出资占注册资本的____%；

×××出资占注册资本的____%；

×××出资占注册资本的____%。

第四条　转让股权的原因

甲方转让股权是为调整甲方的投资结构，目的是为实现资产的最大化、合理化。

第五章　股权的价格

第五条　股权定价的基准日____年____月____日。

本合同约定的股权转让基准日前的债务由甲方自行承担，本合同基准日后由乙方享有一切权益并承担相应的风险。

第六条　股权价格

乙方受让甲方拥有的上海××房地产经纪有限公司____%的股权，则乙方应支付甲方相应对价。

第六章　合同的生效

第七条　合同的签订

本合同签订于____年____月____日。

第八条 合同的生效

本合同自甲、乙双方签字或者盖章之日起生效。

第七章 股权价格的支付

第九条 股权价格支付方式

甲方要求乙方支付股权转让金的方式为：乙方应以现金或甲乙双方另以书面形式约定的其他方式支付本合同项下股权转让金。

第十条 股权价格的支付时间

本合同生效后的五个工作日内，乙方应将本合同项下的股权转让金以本合同约定的支付方式支付给甲方。

第八章 承诺

第十一条 甲方的承诺

甲方保证：自签订本合同之日起至上海××房地产经纪有限公司关闭之日止，其间甲方不从事有损上海××房地产经纪有限公司利益的事情。

第九章 赔偿

第十二条 甲方的赔偿

1. 甲方违背本合同第八章之规定，导致上海××房地产经纪有限公司信誉或经济损失的，甲方应予以赔偿。

2. 乙方有权径直从应付股权价格总额中直接扣除上海××房地产经纪有限公司的损失，而将此部分支付给上海××房地产经纪有限公司。

第十三条 乙方的赔偿

1. 乙方违背本合同约定，拒绝受让股权的，乙方应支付甲方＿＿＿元人民币赔偿金。

2. 乙方一旦拒绝履行本合同受让股权之约定，则视乙方同意甲方将股权再出让给任何第三方，甲方有权任意将股权转让给第三人而无须征得乙方的同意。

第十章 变更和解除

第十四条 变更和解除

1. 自本合同签订后，甲乙双方无权随意变更或解除本合同。

2. 自本合同签订后，一方需变更或解除本合同，应征得另一方的同意。双方变更或解除的约定，应另行书面协议。

第十一章 争议的解决和合同的管辖

第十五条 争议的解决

甲乙双方的任何争议，应通过协商解决。甲乙双方协商解决不成，任何一方有权提交至上海××房地产经纪有限公司所在地人民法院起诉。

第十二章 不可抗力

第十六条 不可抗力

由于不可预见及其他不能预见，并且对其发生和后果不能防止或避免的不可抗力事件，致使影响本合同的履行或者不能按约定的条件履行时，遇有上述不可抗力事故的一方，应立即将事故情况通知另一方，按事故对履行合同影响的程度，由双方协商决定是否解除合同，或者免除或部分免除履行合同的责任，或者延期履行合同。

第十三章 适用法律

第十七条 本合同的签订、效力、解释、履行及争议的解决受中华人民共和国法律的管辖。

第十四章 保密

第十八条 本合同签订后至本合同生效期间，甲乙双方应各自约束做好保密工作，任何一方不得将本合同之条款泄露给不相关人员。

第十五章 附则

第十九条 按照本合同的规定而缔结的补充协议，补充协议为本合同不可分割的一部分，与本合同具有同等效力。

第二十条 补充协议与本合同不一致的，以补充协议为准。

第二十一条 本合同及补充协议不因甲乙任何一方授权代表的交替而废除。

第二十二条 本合同于＿＿＿年＿＿＿月＿＿＿日由双方在中国上海签订。

甲方： （签章）

乙方： （签章）

股东＿＿＿＿＿＿＿＿＿＿＿＿对上述《股权转让合同》已明确理解，并表示同意。

股东（签章）

股东（签章）

20＿＿年＿＿月＿＿日

❷ 房地产经纪有限公司董事会决议①

上海××房地产经纪有限公司董事会决议

根据《公司法》及本公司章程的有关规定，上海××房地产经纪有限公司临时董事会议于＿＿＿年＿＿＿月＿＿＿日在＿＿＿大厦＿＿＿楼会议室召开。本次会议由公司董事×××提议召开，董事会于公司召开15日以前以电话方式通知全体董事。应到董事＿＿＿名，实际到董事＿＿＿名，占总股数＿＿＿%。会议由公司董事×××主持，形成决议如下：

1. 对于股东×××将其所持公司＿＿＿%股权转卖给×××，＿＿＿＿＿＿＿其他所有股东放弃优先购买权；同意股东×××将其＿＿＿%股权转卖给×××。

2. 公司增资扩股和股权转让后，公司股东股份情况如下：

×××：占公司股本的＿＿＿%；

_____

① 适用于股权转让时使用。

241

×××：占公司股本的____%；

×××：占公司股本的____%。

3. 公司于增资合同签署后，股东发生变化之日起半年内，向登记机关申请变更登记。

4. 变更公司董事会成员，原董事会成员_____卸任，由_____接任；

变更后董事会成员如下：

董事长：

董事会成员：

以上事项表决：同意的，占总股权数_____%；

不同意的，占总股权数_____%；

弃权的，占总股权属_____%。

出席董事（签字、盖章）

③ 委托持股协议

委托持股协议

甲方：　　　　　　　　　证件号码：

住址：

乙方：　　　　　　　　　证件号码：

住址：

甲乙双方约定，就甲方出资投资上海××房地产经纪有限公司并委托乙方持有公司股份一事，约定如下：

1. 基本条款

（1）甲方对上海××房地产经纪有限公司的出资额为人民币_____元整。

（2）因甲方无法在上海××房地产经纪有限公司的股东名册中出现，甲方委托乙方就上述____%的股份以股东名义参加公司，但该____%股份的实际股权人应当为甲方，股权为甲方所有。

2. 股权行使

（1）双方确认甲方有权以股东身份行使权利，有权参加公司的经营管理。

（2）对外以股东名义所作行为需要乙方实施的，应由甲方决定，乙方应积极配合实施。

3. 财产权利分配

公司的利润等财产，按公司章程及相关规定分配。

4. 股权转让

（1）甲方转让出资时，在同等条件下，乙方享有优先受让权。

（2）乙方不得私自转让其名下的股权份额，必须事先征得甲方书面同意。

5. 违约责任

若乙方未经甲方书面同意擅自处分名下股权份额，则擅自转让方应当向甲方承担违约金人民币_____万元整，造成甲方损失的，还应当赔偿损失。

6. 其他

（1）本协议于签订日生效，于上海××房地产经纪有限公司存续期间持续有效。

（2）本协议一式五份，均具有同等法律效力。

（3）若发生争议，双方约定向上海市_____区人民法院起诉。

甲方：　　　　　　　　　　乙方：

日期：　　　　　　　　　　日期：

4 债转股协议书

债转股协议书

甲方：

乙方：

丙方：

丁方：

戊方：

己方：

庚方：上海××房地产经纪有限公司

根据《中华人民共和国合同法》《中华人民共和国公司法》以及其他有关法律法规的规定，缔约双方本着平等互利、等价有偿的原则，就甲乙丙丁戊己方对庚方的债权转为甲乙丙丁戊己方对庚方的股权问题，通过友好协商，订立本协议。

甲乙丙丁戊己方与庚方之间原债权、债务关系真实有效，债权转为股权后，甲乙丙丁戊己方仅为庚方的股东，不再享有债权人权益，转而享有股东权益。

第一条 债权的确认

各方确认：

截至____年____月____日，甲方对庚方的待转股债权总额为_____元；

截至____年____月____日，乙方对庚方的待转股债权总额为_____元；

截至____年____月____日，丙方对庚方的待转股债权总额为_____元；

截至____年____月____日，丁方对庚方的待转股债权总额为_____元；

截至____年____月____日，戊方对庚方的待转股债权总额为_____元；

截至____年____月____日，己方对庚方的待转股债权总额为_____元。

第二条 债转股后庚方的股权构成

1. 甲乙丙丁戊己方将转股债权投入庚方，成为庚方的股东之一（原为股东的，股东份额变化），庚方负责完成变更工商登记等必要的法律手续；

2. 债转股完成后，庚方的股权构成为：

（1）甲方以____元的债转股资产向庚方出资，加上其原有出资，所有债转股后，甲方占庚方股份的____%；

（2）乙方以____元的债转股资产向庚方出资，加上其原有出资，所有债转股后，乙方占庚方股份的____%；

（3）丙方以____元的债转股资产向庚方出资，加上其原有出资，所有债转股后，丙方占庚方股份的____%；

（4）丁方以____元的债转股资产向庚方出资，占庚方股份的____%；

（5）戊方以____元的债转股资产向庚方出资，占庚方股份的____%；

（6）己方以____元的债转股资产向庚方出资，占庚方股份的____%。

第三条 费用承担

因签订、履行本协议所发生的聘请中介机构费用及其他必要费用，均由庚方负担。

第四条 违约责任

任何一方违反本协议规定义务给其他方造成经济损失，应负责赔偿受损方所蒙受的全部损失。

第五条 争议解决

因签订、履行本协议发生的一切争议，由争议双方协商解决，协商不成的，依法向庚方注册地人民法院起诉。

第六条 其他约定

1. 本协议经各方签订后生效；

2. 本协议正本一式八份，各方各执一份，具有同等法律效力；

3. 本协议于____年____月____日，于_____签订。

甲方：

授权代表签字并盖章：   时间：

乙方：

签字：   时间：

丙方：

签字：   时间：

丁方：

授权代表签字并盖章：   时间：

戊方：

签字：   时间：

己方：

签字：   时间：

⑤ 房地产经纪有限公司董事会增资决议

上海××房地产经纪有限公司董事会增资决议

根据《公司法》及本公司章程的有关规定，上海××房地产经纪有限公司临时董事会议于____年____月____日在_____大厦_____楼会议室召开。本次会议由公司董事×××提议召开，董事会于公司召开15日以前以电话方式通知全体董事。应到董事____名，实际到董事____名，占总股数____%。会议由公司董事×××女士主持，形成决议如下：

一、同意×××对公司进行增资入股，同意其以美元＿＿＿万元整的货币投资进入公司，并同意其拥有新公司＿＿＿％的股份。

二、公司增资扩股和股权转让后，公司股东股份情况如下：

×××：占公司股本的＿＿＿％；

×××：占公司股本的＿＿＿％；

×××：占公司股本的＿＿＿％。

三、公司于增资合同签署后，股东发生变化之日起半年内，向登记机关申请变更登记。

四、变更公司董事会成员，原董事会成员＿＿＿＿＿＿卸任，由＿＿＿＿＿接任；

变更后董事会成员如下：

董事长：

董事会成员：

以上事项表决：同意的，占总股权数＿＿＿％；

　　　　　　　不同意的，占总股权数＿＿＿％；

　　　　　　　弃权的，占总股权属＿＿＿％。

出席董事（签字、盖章）

20＿＿＿年＿＿＿月＿＿＿日

⑥ 增资协议书

增资协议书

当事人：

上海××房地产经纪有限公司

甲方：

乙方：

丙方：

丁方：

戊方：

鉴于：

1. 上海××房地产经纪有限公司系一家于＿＿＿年＿＿＿月＿＿＿日在中国上海注册成立的公司，经营范围为房地产经纪，注册资本为美元＿＿＿万元整（实收资本美元＿＿＿万元）。为增强公司实力，尽快将公司做大做强，经＿＿＿年＿＿＿月公司股东会决议，通过了增资扩股决议。

2. 甲方、乙方、丙方为上海××房地产经纪有限公司本次增资扩股前的股东。增资扩股前，上海××房地产经纪有限公司出资结构为：甲方出资占注册资本的＿＿＿%，乙方出资占注册资本的＿＿＿%，丙方出资占注册资本的＿＿＿%。

3. 现拟将上海××房地产经纪有限公司注册资本由美元＿＿＿万元增加至美元＿＿＿万元整。丁方和戊方同意按照本合同规定的条款和条件投资入股。各方本着自愿、公平、公正的原则，经友好协商，就对上海××房地产经纪有限公司增资扩股事宜达成协议如下：

合同正文：

第一条 释义：

1. 本合同内（包括"鉴于"中的内容），除为了配合文义所需而要另作解释或有其他定义外，下列的字句应做以下解释：

增资扩股，指在原公司股东之外，吸收新的股东投资入股，并增加公司注册资本。

溢价，指在本次增资扩股中，投资方实际出资额高出授予其资本额的部分。

原上海××房地产经纪有限公司，指本次增资扩股前的上海××房地产经纪有限公司。

新上海××房地产经纪有限公司，指本次增资扩股后的上海××房地产经纪有限公司。

违约方，指没有履行或没有完全履行其按照本合同所应承担的义务以及违反了其在本合同所作的承诺或保证的任何一方。

非违约方，指根据本合同所规定的责任和义务以及各方所做的承诺与保证，发生了一方没有履行或没有完全履行合同义务，以及违反了其在本合同所作的承诺或保证事件时的本合同其余各方。

中国，指中华人民共和国。

书面及书面形式，指信件和数据电文（包括电报、电传、传真和电子邮件）。

本合同，指本合同或对本合同进行协商修订、补充或更新的合同或文件，同时包括对本合同或任何其他相关合同的任何条款进行修订、予以放弃、进行补充或更改的任何文件，或根据本合同或任何其他相关合同或文件的条款而签订的任何文件。

2. 本合同中的标题是为方便阅读而加入的，解释本合同时应不予理会。

第二条 增资扩股方案

1. 方案内容

（1）对原上海××房地产经纪有限公司进行增资扩股。将公司注册资本增加至___万美元，新增注册资本___万美元。

（2）甲方、乙方、丙方以上海××房地产经纪有限公司现有净资产转增资本（或以现金、实物等法定形式），甲方占新上海××房地产经纪有限公司注册资本的___%。乙方占新上海××房地产经纪有限公司注册资本的___%，丙方在与乙方办理股权转让手续后占新上海××房地产经纪有限公司注册资本的___%，甲方、乙方、丙方在新上海××房地产经纪有限公司中的出资比例变为___%、___%和___%。

（3）丁方投资入股上海××房地产经纪有限公司，丁方以现金出资___万美元，其出资分别占新上海××房地产经纪有限公司注册资本的___%。

（4）戊方投资入股上海××房地产经纪有限公司，戊方以现金出资___万美元，其出资分别占新上海××房地产经纪有限公司注册资本的___%。

（5）增资扩股完成后，新上海××房地产经纪有限公司股东由甲方、乙方、丙方、丁方、戊方五方组成。修改原上海××房地产经纪有限公司章程，重组新上海××房地产经纪有限公司董事会。

2. 对方案的说明

（1）各方确认，原上海××房地产经纪有限公司的整体资产、负债全部转归新上海××房地产经纪有限公司；关于原上海××房地产经纪有限公司净资产现值的界定详见《资产评估报告》和审计报告。

（2）各方一致认同新上海××房地产经纪有限公司仍承继原上海××房地产经纪有限公司的业务，以经营房地产经纪和房地产经纪行业特许经营为主业。

（3）各方同意，共同促使增资扩股后的新上海××房地产经纪有限公司符合法律的要求取得相应的资质。

（4）各方协商一致于____年____月____日交接上海××房地产经纪有限公司的经营权

（包括但不限于公司公章、财务章、法人章、公司营业执照等相关文件），在公司增资完成之前，如公司经营需要，丁方须先行借给公司相应款项使用，该笔借资以公司经营需要为限。首笔借资暂定为人民币_____（大写_____）元整，须于各方签署完相关协议后，交接上海××房地产经纪有限公司经营权当日，____年__月__日前出借，相关增资手续完成后先行归还该笔借资。

3．新上海××房地产经纪有限公司股权结构

本次增资扩股后的新上海××房地产经纪有限公司股权结构如下表所示：

×××：占公司股本的___%；

×××：占公司股本的___%

×××：占公司股本的___%；

×××：占公司股本的___%；

×××：占公司股本的___%。

甲方乙方丙方丁方戊方合计共100%。

第三条　重组后的新上海××房地产经纪有限公司董事会组成

1．重组后的新上海××房地产经纪有限公司董事会由___人组成，其中，甲方提名___人，乙方提名___人，丙方提名___人，丁方提名___人，戊方提名___人。

2．董事长由甲方提名并由董事会选举产生，副董事长由丁方提名并由董事会选举产生，总经理由丁方提名并由董事会聘任，财务总监由丁方提名并由董事会聘任。

第四条　各方的责任与义务

1．甲方、乙方、丙方将经评估后各方认可的原上海××房地产经纪有限公司净资产投入到新上海××房地产经纪有限公司。

因戊方已事前参与原上海××房地产经纪有限公司的经营，且曾借资给原上海××房地产经纪有限公司，甲方、乙方、丙方、戊方保证原上海××房地产经纪有限公司除本合同及其附件、财务报表上已披露的债务负担外，不会因新上海××房地产经纪有限公司对其权利和义务的承继而增加任何运营成本或债务，如有该等事项，则由甲方、乙方、丙方、戊方承担个人责任，并如新上海××房地产经纪有限公司因上述未披露的债务而承担责任，则甲方、乙方、丙方、戊方应按股权比例对新上海××房地产经纪有限公司、丁方以等额补偿，且丁方有权在应分配给甲方、乙方、丙方、戊方的股东收益中扣除。

2．丁方和戊方保证按本合同确定的时间及数额投资到位，汇入原上海××房地产经纪

有限公司账户或相应的工商验资账户。

第五条 投资到位期限

本合同签署前，由甲方、乙方、丙方作为原上海××房地产经纪有限公司的股东召开股东会审议通过了本合同所述增资事项，并由原董事会批准同意上海××房地产经纪有限公司增资改制，丁方和戊方保证将增资全部汇入上海××房地产经纪有限公司账户或相应的工商验资账户。

第六条 陈述、承诺及保证

1. 本合同任何一方向本合同其他各方陈述如下：

（1）其有完全的民事权利能力和民事行为能力参与、订立及执行本合同，或具有签署与履行本合同所需的一切必要权利与授权，并且直至本合同所述增资扩股完成，仍将持续具有充分履行其在本合同项下各项义务的一切必要权利与授权；

（2）签署本合同并履行本合同项下的各项义务并不会侵犯任何第三方的权利。

2. 本合同任何一方向本合同其他各方做出承诺和保证如下：

（1）本合同一经签署即对其构成合法、有效、具有约束力的合同；

（2）其在合同内的陈述以及承诺的内容均是真实、完整且无误导性的；

（3）其根据本合同进行的合作具有排他性，在未经各方一致同意的情况下，任何一方均不能与任何第三方签订类似的合作合同或进行类似的合作，否则，违约方所得利益和权利由新上海××房地产经纪有限公司无偿取得或享有。

3. 甲方、乙方、丙方、戊方四方共同向丁方保证本合同附件的所有内容真实有效，如本合同附件之内容与事实不符（例：本合同附件之财务报表与上海××房地产经纪有限公司聘请的会计师事务所所做的审计报告不符等），则甲方、乙方、丙方、戊方四方须对丁方承担个人责任，赔偿由此而给丁方造成的一切经济损失（包括但不限于丁方的投资款）人民币＿＿＿＿（大写：人民币＿＿＿＿＿＿）元整。

第七条 违约事项

1. 各方均有义务诚信、全面遵守本合同。

2. 任何一方如果没有全面履行其按照本合同应承担的责任与义务，应当赔偿由此而给非违约方造成的一切经济损失。

第八条 合同生效

本合同于各方盖章或授权代表签字之日起生效。

第九条 保密

1. 自各方就本合同所述与原上海××房地产经纪有限公司增资扩股进行沟通和商务谈判始，包括（但不限于）财务审计、现场考察、制度审查等工作过程，以及本合同的签订和履行，完成工商行政管理部门的变更登记手续等，在增资扩股全部完成的整个期间内，各方均负有保密的义务。未经各方事先书面同意，任何一方不得将他方披露或提供的保密资料以及本增资扩股方案披露或泄露给任何第三方或用作其他用途，但通过正常途径已经为公众获知的信息不在此列。

2. 保密资料的范围涵盖与本次增资有关的由各方以书面、实物、电子方式或其他可能的方式向他方（或其代理人、咨询人、顾问或其他代表）提供或披露的涉及各方的信息资料，包括但不限于各方的财务报表、人事情报、公司组织结构及决策程序、业务计划、与其他公司协作业务的有关情报、与关联公司有关的信息资料及本合同等。

3. 本合同终止后本条保密义务仍然继续有效。

第十条 通知

1. 任何与本合同有关的需要送达或给予的通知、合同、同意或其他通信，必须以书面形式发出，并可用亲自递交、邮资付讫之邮件、传真或电子邮件等方式发至收件人在本合同中留有的通信地址、传真号码或电子邮件地址，或有关方面为达到本合同的目的而通知对方的其他联系地址。

2. 各方须于本合同签署当日将通信地址、电话号码、传真号码及电子邮件地址在上海××房地产经纪有限公司登记备案。如有变动，须书面通知各方及相关人员。

第十一条 合同的效力

本合同作为解释新上海××房地产经纪有限公司股东之间权利和义务的依据，长期有效，除非各方达成书面合同修改；本合同在不与新上海××房地产经纪有限公司章程明文冲突的情况下，视为对新上海××房地产经纪有限公司股东权利和义务的解释并具有最高效力。

第十二条 其他事项

1. 转让

除法律另有规定外，本合同任何一方的权利和义务不得转让。

2. 更改

除非各方书面同意，本合同不能做任何修改，补充或更改。

3. 独立性

如果本合同任何条款被法院裁定属于非法或无法执行，该条款将与本合同其他条款分割并应被视作无效，该条款并不改变其他条款的运作。

4. 不可抗力

由于发生地震、台风、火灾、战争等在订立本合同时不能预见、对其发生和后果不能避免并不能克服的事件，使本合同规定的条款无法履行或受到严重影响时，或由于国家政策的调整改变，致使本合同无法履行时，遇有上述不可抗力事件的一方，应在该事件发生后15天内，将经由当地公证机关出具的证明文件或有关政府批文通知对方。由于发生上述事件，需要延期或解除（全部或部分）本合同时，由本合同各方协商解决。

5. 适用法律

本合同的订立、效力、解释、执行、修改、终止及争议的解决，均应适用中国法律。

6. 争议解决

凡是因本合同引起的或与本合同有关的任何争议应通过友好协商解决。在无法达成互谅的争议解决方案的情况下，任何一方均可将争议提交上海仲裁委员会仲裁，根据该仲裁委员会现行有效的仲裁规则通过仲裁解决。仲裁委员会做出的裁决是终局的，对各方均具有法律约束力。

7. 正本

本合同一式六份，每份文本经签署并交付后即为正本。所有文本应为同一内容及样式，各方各执一份。

8. 附件

本合同有以下附件，附件内容与正本相附，所有附件皆为本合同之组成部分，也为本次增资协议之前提条件。

上海××房地产经纪有限公司：（盖章）

授权代表：（签字）　　　　　　　　　　时间：

甲方：

授权代表：　　　　　　　　　　　　　　时间：

乙方：   时间：

护照号码：   联系地址：

丙方   时间：

身份证号：   联系地址：

丁方：   时间：

身份证号：   联系地址：

戊方：   时间：

身份证号：   联系地址：

7 股权质押合同

股权质押合同

出质人（以下称甲方）：

质权人（以下称乙方）：上海××房地产经纪有限公司

　　为确保甲、乙双方签订借款合同的履行，甲方以在_____有限公司投资的股权作质押，经双方协商一致，就合同条款作如下约定：

　　第一条　本合同所担保的债权为：乙方依借款合同向甲方支付的总金额为人民币_____（大写）元整的借款（该金额以实际借款借条为准），贷款年利率为_____%，贷款期限自____年____月____日至____年____月____日。

　　第二条　质押合同标的

　　1. 质押标的为甲方（即上述合同借款人）在_____有限公司投资的股权及其派生的权益。

　　2. 质押股权金额为_____元整。

　　3. 质押股权派生权益，系指质押股权应得红利及其他收益。

　　第三条　甲方应在本合同订立后10日内就质押事宜征得_____有限公司董事会议同意，并将出质股份于股东名册上办理登记手续，将股权证书移交给乙方保管。

第四条　本股权质押项下的借款合同如有修改、补充而影响本质押合同时，双方应协商修改、补充本质押合同，使其与股权质押项下贷款合同规定相一致。

第五条　如因不可抗力原因致本合同须作一定删节、修改、补充时，应不免除或减少甲方在本合同中所承担的责任，不影响或侵犯乙方在本合同项下的权益。

第六条　质押物的处理在发生下列事项中一项或数项时，乙方有权处理质押物及其派生的权益，所得款项及权益优先清偿乙方在本股权质押项下贷款的本息及费用。

1. 质押人在本质押书中所作的声明和保证不真实或不履行。

2. 质押人不能按本质押项下的合同规定，如期偿还贷款本金、利息及费用。

3. 质押人被宣告解散、破产的。

4. 质押人有其他违反本质押书或本质押项下借款合同规定的事项。

发生上述事项时，甲方对乙方采取下列方式处理质押物，均无条件放弃抗辩权：

（1）从质押人保管账户及存款账户主动扣取款项；

（2）宣布拥有该质押股权，在法律上取代质押人在_____有限公司的股东地位；

（3）依法转让、出售、拍卖或采取其他手段处置该质押股权。

第七条　在本合同有效期内，甲方如需转让出质股权，须经乙方书面同意，乙方拥有优先购买权，且如甲方转让他人，转让所得款项须提前清偿乙方的借款本息。

第八条　本合同生效后，甲、乙任何一方不得擅自变更或解除合同，除经双方协议一致并达成书面协议。

第九条　本合同是所担保贷款合同的组成部分，经双方签章之日起生效。

第十条　乙方对质押股权拥有登记保留权，质押人有义务协助办理股权登记事项。

第十一条　如乙方逾期不履行或完全不履行还款义务的，则愿放弃诉讼，接受有管辖权的法院的强制执行。

第十二条　合同生效及份数。

合同经甲乙双方签之日起生效。

本合同一式三份，由出质人、质权人、工商局各持一份。

出质人：　　　　　　　　质权人：

日期：　　　　　　　　　日期：

8 商铺转让协议

商铺转让协议

甲方（转让方）：上海××房地产经纪有限公司

乙方（受让方）：

代表人：

甲乙双方在平等、自愿的基础上，经友好协商，就位于上海市_____路____号之商铺（以下简称"该商铺"）的经营权转让的相关事宜达成如下协议：

一、转让的主体

1. 甲方：上海××房地产经纪有限公司

乙方：_____

代表人：_____

2. 乙方代表人确认：鉴于乙方主体尚未注册登记，待其相应主体注册登记办妥后，再行补签；若在乙方办妥注册登记且补签前，双方出现争议的，则由乙方代表人概括承担。

乙方代表人确认：_____

二、转让标的

1. 关于该商铺现有的相关装修、设施、设备；

2. 该商铺的使用权、承租权；

3. 甲方在现有装修的基础上为该商铺进行的相关装修；

4. 现有关于该商铺的相关人员配备，但这不影响甲方根据实际情况的人员调整。

三、转让费用

1. 甲乙双方确认：本次转让费用为人民币_____万元整（RMB___），由乙方一次性支付甲方；该转让费不包括该商铺的正常租金、正常使用该商铺所发生的相关费用及乙方加盟甲方的相关加盟费用等；

2. 转让费应由乙方于签定本合同当日直接支付甲方。

四、关于该商铺租赁相关事宜

1. 甲方应协助乙方与该商铺的相关人员办理关于该商铺的使用权转让手续；

2. 对于该商铺，甲方已经支付给出租方相当于一个月租金的押金，该笔相关款项于本协议生效后转为乙方支付给出租方的相关押金，乙方只需将相关押金支付给甲方即可；

3. 甲方应于_____年__月__日前将该商铺交付乙方；

4. 甲方应在本协议生效后，协助乙方办理以商铺为营业地的营业执照。

五、甲乙双方在履行本协议的过程中，任何一方未按本协议全面履行的，且在收到对方书面通知30日内仍未履行的，则守约方有权解除本合同，且要求违约方支付转让费的10%作为违约金。

六、本协议一经双方或其代表签字即生效。

七、本协议一式两份，甲乙双方各执一份。

甲方：   乙方：

代表人：   代表人：

联系方式：   联系方式：

日期：   日期：

 承包经营管理工具

① 门店承包协议[①]

门店承包协议

立协议人：_____（以下称甲方）

立协议人：_____（以下称乙方）

第一条 动机与目的

甲方为更好经营现有之公司，为员工谋取更大职业发展和事业成长，特以营业店经营方式授予乙方，由乙方根据双方约定承包该营业店，甲、乙双方根据双方之约定分享该营

_____

① 适用于承包人全包的情况。

业点经营之营业利益。

第二条 承包期限

本协议有效期间自公元____年____月____日起至____年____月____日止，为期____年____个月____天。

第三条 承包门店地址

营业店地址为：_____

第四条 承包保证金

1. 乙方签约之同时，应交付甲方承包保证金人民币_____元整。

2. 乙方交付甲方之保证金，作为乙方遵守本协议各项约定履行保证，如乙方违反本协议，则一切因此所生之损失或费用，甲方得经由保证金扣抵偿还。

3. 若乙方保证金不足以偿还或扣抵甲方之损失，甲方仍保有求偿权。乙方须于十日内补足之，否则视同违约。

4. 合约届满如乙方不愿续约且未有违约行为，甲方于协议终止时起一个月，无息退还保证金。

第五条 承包费用

1. 营业店月总营业收入包括乙方未扣除任何成本、费用及税款之下列收入：

（1）所有涉及不动产购买、销售、经纪、出租、抵押、权益转让、评估、咨询等各项业务收入。

（2）乙方因为其他法人或自然人办理产权登记或保管服务或为上述对象寻找投资者因而衍生的服务收入。

（3）来源于甲方或其关联企业，而由乙方提供产品或服务并因而衍生的相关收入。

（4）除非甲方事先书面放弃或另有规定不应计入总收入，否则乙方对其以任何方式使用甲方名称或标志的行为均应计入总收入。另乙方对由其关联企业所委托之交易而产生及衍生的收入亦应计入总收入。

（5）本合同中规定应计入乙方总收入的收入。

2. 营业店月成本包括：

（1）门店加盟品牌使用费人民币_____，按加盟使用年限平摊；

（2）加盟资讯使用月费人民币_____；

（3）加盟管理月费人民币_____；

（4）加盟广告月费人民币_____；

（5）房租人民币_____；

（6）人员工资及相关社保费用人民币_____；

（7）营业店经营相关费用人民币_____；

（8）其他_____。

3．营业店经营收益分配方案：

（1）关于经营损益的计算：

①结算周期：采用"月结算"方式，从每月的26日至次月的25日。

②经营损益计算公式：

经营损益=乙方本月在甲方处实现的营业收入−税金及税金附加−直接费用−委托经营费用−所得税（所得税是按账面盈余的33%预提）

（2）收益分配：

①保本法：每月收益扣除上述相应成本后，一次性支付甲方法人人民币____元整，剩余部分收益归乙方所有；

②利益分享法：每月收益扣除上述相应成本后，所获纯收益部分甲方法人占____%，乙方占____%。

4．结算方式：

（1）如有盈余：甲方将于当月结算完成之次月10日，将盈余以佣金方式拨入甲乙双方之个人账户。

（2）如亏损或持平：不分配。

（3）若该结算为经营协议期限终止前的最后一次结算时：

如有盈余，甲方于协议终止后三个月内经再次确认，将盈余存入乙方个人账户。

如有亏损，乙方可将应负担之亏损主张以保证金抵消，抵消上限不得超过乙方所缴之营业保证金，如亏损超过保证金数额时，乙方应立即补足差额，但如因乙方违约致使甲方终止协议或甲方要求提前终止协议的，则不得主张抵消，甲方于期限届满前以书面提出续约之申请时亦同。

第六条　业务承包经营模式

1．委托店之作业及管理方式，悉依甲方所制定之作业准则、细则及指令办理，且经营中介业务所需之各项协议书类均须统一由甲方加盟之品牌总部提供。

2. 乙方不得自行觅妥地址设立，唯该地点须经由甲方同意。

3. 中介成交之不动产买卖或租赁案件，其协议签订，所有权转移，抵押设定等相关之作业流程，均由甲方指定之品牌总部签约中心及其所属之人员办理。

第七条　财务管理

乙方在财务体系方面应接受甲方全盘控管，作为非独立核算的分支机构，甲方负责为乙方代理会计核算，处理乙方的日常会计账务事宜，拟定会计核算期间为每月的26日至次月的25日。

乙方所有需开立佣收发票的收入与费用支出均由甲方控管：

1. 收入方面：

乙方所有需开具发票的收入均须划入甲方的银行账户。

2. 费用方面：

（1）乙方在营业中所需的各项费用，即在经营过程中发生的，包括：租金、水电费、邮电费、交通费、广告费、薪水、奖金、员工福利、年终奖提列、乙方资公司代理人事管理事务的费用、税金，各项工资总额提缴比例、营业税及附加税、所得税等费用，由甲方的先期投资和乙方支付的保证金为限承担并支付。乙方每月提供给甲方的费用凭证中必须包括租金、水电费、电话费、交通费、广告费、薪水等内容。

（2）甲方由于为乙方代理会计核算工作而产生的财务费用（如购买发票、购买支票、贷记凭证的手续费等）、各类工商、税务的审计费用、罚款（罚金）等，属"经营损益计算公式"中的直接费用。

第八条　人员管理

乙方聘用的人员除具备法定经纪人资格证书者须与甲方签订劳动合同外，其他人员均须与甲方指定的人资公司签订劳动合同，由该人资公司负责办理员工的招录用及退工手续。

乙方聘用的所有人员均依劳动保险条例参加政府规定的保险，并为员工缴纳四金或综合保险金，操作由人资公司代理，员工应严格遵守公司的规章制度（具体依照甲方所制定的规章制度执行）。员工在职期间，不得泄露业务机密，及兼任公司以外职务。与客户接洽、应对，态度应谦和有礼，不可故意刁难。人员除办理本公司业务外，不得对外使用本公司名义，亦不得借职务之机为自己或他人图利。

第九条　人员薪奖管理

1. 乙方所聘任营业店之人员均须与甲方所指定之人力资源机构订立《员工劳动合同》，并由乙方与该人力资源机构协调办理招工及退工事宜。

2. 乙方每月须将人员最新动态以书面形式告知甲方。

第十条　乙方之义务

1. 须接受甲方之经营协助、管理及业务稽核。业务稽核如与甲方所订立或颁布之作业准则不相符合时，乙方必须于期限内改善，并保证不得再犯。

2. 依据法令负担委托经营所需之各项费用及税捐（含个人所得税）。

3. 不得未经同意擅自以甲方之身份与第三人签订协议。亦不得同意或协助委托店之任用人员为前述之行为。

4. 不得做任何有损甲方商誉或信用行为。

5. 非经甲方同意不得将本协议之权利转让与他人。

6. 乙方应对其承包之营业店（包括其营业店人员），承担其在不动产中介服务所产生的义务负全部责任，并须对甲方因此发生的一切责任及费用负补偿之责，包括甲方所支出之律师费。即使乙方的委托经营期间已届满，但乙方仍须对其在委托经营期间所产生的上项费用承担清偿之责，无论甲、乙双方是否已结清保证金等费用。

7. 乙方违反本协议之约定时，甲方可不经书面催告终止本协议，并没收乙方前所给付之保证金，乙方同意委托店之任用人员违反协议之内容时亦同。协议终止后，乙方仍须对委托后于协议终止结算时所及之前产生之亏损，对甲方担负清偿之责任。如造成甲方之损害，亦须担负赔偿之责任。

第十一条　管辖法院及适用法律

双方同意以甲方所在地法院，为管辖法院，并应遵守当地之法律、法令。

甲方：

代表人：

联系电话：

地址：

乙方：

身份证字号：

联系电话：

地址：

签订日期：　　　年　　月　　日

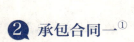

承包合同

甲方（发包方）：

地 址：＿＿＿＿＿＿＿邮码：＿＿＿＿＿＿电话：＿＿＿＿＿＿

法定代表人：＿＿＿＿＿＿职务：＿＿＿＿＿

乙方（承包方）：

地 址：＿＿＿＿＿＿＿邮码：＿＿＿＿＿＿电话：＿＿＿＿＿＿

证件号码：＿＿＿＿＿＿＿

　鉴于：

1. 甲方是＿＿＿＿＿店（以下简称＿＿店）合法拥有者，该＿＿店是甲方的分公司。

2. 乙方系具有丰富房地产经纪经验的个人，且符合公司内部创业的有关要求及资格。

为有效整合双方资源优势，现双方经友好协商，就乙方承包经营甲方莘松店事宜达成如下：

第一章 总则

第一条 乙方承包经营期间，＿＿＿＿店独立核算，有序经营。乙方享有并承担该店＿＿％的收益及成本，甲方享有并承担该店＿＿％的收益及成本。

第二条 承包经营期间，＿＿＿＿店必须从事房地产经纪业务，未经甲方同意不得从事其他业务。

第二章 承包的期限、形式

第三条 乙方承包甲方＿＿＿＿店的期限为＿＿＿＿＿，从＿＿年＿＿月＿＿日起至＿＿年＿＿月＿＿止。双方应于办理＿＿＿＿店资产盘点当日办理＿＿＿＿店的交接手续，订立移交清单，甲方按目前＿＿＿＿现状向乙方移交。

第四条 承包经营的形式为：按年计算利润分成的承包经营责任制。具体为：每月的

---

① 适用于承包人与其他公司合包时使用。

运营成本由甲乙按_____%、_____%的比例分担，每季结束后的第二个月的<u>25日</u>结算上季度的门店利润后按_____%、_____%的比例由甲乙享有。承包期间，应将_____店作为一独立核算的独立法人实体对待，所有的税费标准比照甲方作为独立实体需要支付的标准。

第三章　承包方的权利与义务

第五条　承包经营期间，乙方有权依据本合同规定，取得其应得的合法承包收入，但需缴纳乙方个人所得税等合理税收。且在承包期间，乙方以门店店长的身份主持工作，每月仍可比照甲方店长的薪资领取其基本工资及提奖，但该等薪资费用计入门店运营成本。

第六条　承包经营期间，运营_____店的所有营运成本（包括但不限于店面租金、店长员工薪奖及社保费用、水电通信费用、签约服务费、契据使用费）、责任费用（包括品牌使用月费及分摊总公司成本的每月___元、办公用品支出、设施设备维修费用等）均由乙方承担_____%，运营_____店的所有利润（即收入扣除营运成本及相应税费）由乙方享有_____%。双方移交当日，甲方应提供_____店现有资产的清单及估值，乙方应按照_____%的比例支付甲方作为成本负担。

第七条　承包经营期间，乙方必须依照国家有关规定，按期缴纳的各种税、费，有关费用缴纳由甲方代扣代缴。

第八条　由于乙方承包了甲方的门店，充分利用了甲方所有的信息、资源，乙方保证在承包期间不得泄露相关甲方的营运资源（包括但不限于本承包协议）且乙方保证即使本合同到期或终止，乙方都不得利用在承包期间从甲方学得的相关知识、信息资源另行投资、参股或经营其他品牌的房地产经纪业务。

第九条　在承包期间，应保证甲方提供的办公设施设备完好，若有损坏应及时修理。按甲方人事制度管理_____店的日常人事事宜。

第十条　应负责继续履行_____店已有的租赁合同、POS安装协议、网络协议等有效合同，及时交纳有关费用；承包前已有的交易案件由乙方指派专人继续跟进负责直至案件结案。

第十一条　乙方必须于交接_____店同时交纳人民币_____元作为承包保证金，若乙方逾期支付有关管理营运成本/相关费用，则甲方有权在通知乙方的前提下从保证金中直接提取相应费用以支付相关单位/个人，乙方应于收到通知后三日内补足上述保证金。

第十二条　乙方保证不得以甲方_____店名义对外作任何形式的担保，否则均由乙方承担相应的法律责任。

第十三条 乙方承包期间所有以甲方_____店名义收取的意向金、佣金、定金等款项应及时上缴甲方财务部门，所有的成交案件的合同，应由甲方法务/甲方委托人员负责签署并办理后续交易手续。但租赁案件可由乙方自行签约，但需提供必要资料交甲方存档。

第十四条 若甲方提前解除/终止本合同，则乙方作为在本合同期内的投资者，对本合同解除前该门店经营产生的成本及相关折损按____%的比例承担。

第十五条 承包方必须全面履行本合同中应由承包方履行的全部条款。

第四章 发包方的权利与义务

第十六条 甲方的权利如下：

1. 对_____店有财务审计权、业务监督权和服务质量检查权。

2. 有权决定承包门店的人事招聘及人员调整。

3. 按国家法律法规和本合同规定维护_____店员工的合法权益。

4. 承包经营期间，运营_____店的所有营运成本（包括但不限于店面租金、店长员工薪奖及社保费用、水电通信费用、签约服务费、契据使用费、品牌使用月费、办公用品支出、设施设备维修费用等）均由甲方承担____%。

第十七条 甲方的义务如下：

1. 按本合同规定保障承包方的合法权益。

2. 全面履行本合同中应由发包方履行的全部条款。

第五章 合同的变更、解除或终止

第十八条 本合同生效后即具有法律约束力，甲乙双方均不得随意变更或解除。本合同需要变更或解除时，须经双方协商一致达成新的书面协议。在新的书面协议未达成之前，本合同依然有效。本合同终止/解除后，乙方应按移交清单向甲方返还莘松店及相关设施。

第十九条 承包经营期间，若乙方经营管理不善导致年度内累计_____店____个月亏损的，甲方可提前解除承包协议的，改派其他人员担任店长。

第二十条 乙方如经营决策严重失误等问题给_____店造成重大损失而未能及时承担的或发生违规/违法事件导致媒体、消协工商房地部门投诉的，甲方有权直接解除合同，不负违约责任，并保留向乙方要求赔偿损失的权利。

第二十一条 由于不可抗力的原因使本合同无法完全履行或无法履行时，经甲乙双方协商一致，可以变更或解除本合同。

第二十二条 本合同规定的承包期满，甲乙双方的权利、义务履行完毕后，本合同自行终止。

第六章 违约责任

第二十三条 乙方如未完成本合同规定的义务，则甲方有权要求乙方更正及从保证金中抵扣相应的费用并要求乙方补足，若乙方超过15日未能更正/未能补足保证金的，则甲方有权立即解除本合同并要求乙方支付违约金人民币＿＿＿万元整。

第二十四条 甲方如未完成本合同规定的义务，则乙方有权要求甲方更正，若甲方超过15日未能更正，则乙方有权立即解除本合同并要求甲方支付违约金人民币＿＿＿万元整。

第七章 附则

第二十五条 甲乙双方同意＿＿＿＿＿＿店的成本核算项目及标准、财务管理制度、人事管理制度等均依照××不动产总部的相关规定执行。

第二十六条 本合同期满后，如＿＿＿＿＿＿店仍准备承包经营，且乙方在同等条件下有优先再承包的权利。

第二十七条 双方确认的其他书面文件，如移交清单等，均为本合同附件，上述文件材料如与本合同正文有矛盾之处，以本合同正文为准。

第二十八条 本合同由甲乙双方签字盖章后生效。

第二十九条 本合同正本＿＿＿＿份，发包方、承包方各执一份。

发包方：＿＿＿＿＿＿＿＿＿＿＿＿＿＿＿＿＿＿＿

代表人：＿＿＿＿＿＿＿＿＿＿＿＿（签字盖章）

＿＿＿＿年＿＿＿月＿＿＿日

承包方：＿＿＿＿＿＿＿＿＿＿＿＿（签字盖章）

＿＿＿＿年＿＿＿月＿＿＿日

❸ 承包合同二 ①

承包合同

甲方（发包方）：

地 址：_____ 邮编：_____ 电话：_____

法定代表人：_____ 职务：_____

乙方（承包方）：

地 址：_____ 邮编：_____ 电话：_____

证件号码：

　鉴于：

1. 甲方系_____店（以下简称___店）合法拥有者。

2. 乙方系具有丰富房地产经纪经验的个人，且符合公司的有关要求及资格。

为有效整合双方资源优势，现双方经友好协商，就乙方承包经营甲方_____店部分区域办公。事宜达成如下：

第一章　总则

第一条　乙方承包经营期间，须按甲方要求有序经营。

第二条　承包经营期间，乙方必须从事房地产经纪业务，未经甲方同意不得从事其他业务。

第二章　承包的期限、形式

第三条　乙方承包甲方_____店部分区域办公的期限为____年，从____年____月____日起至____年____月____日止。

第四条　承包经营的形式为：按月计算利润分成的承包经营责任制。

具体为：每月至月底前的运营收入扣除相应的税费后（于每月结束后的第二个月的15号结算分配。）由甲、乙方按____%、____%的比例进行分配。承包期间所有的税费标准

———————————

① 适用于分组承包的情况。

比照甲方作为独立实体需要支付的标准。

第三章 承包方的权利与义务

第五条 承包经营期间，乙方有权依据本合同规定，取得其应得的合法承包收入，但需缴纳乙方应付的合理税收。

第六条 承包经营期间，_____店的运营成本（包括但不限于店面租金，水电通信费用，签约服务费，契据使用费，品牌使用月费，办公用品支出，设施设备维修费用等）均由甲方承担乙方承担其承包部分的人员薪奖，社保费用及相应税费。

第七条 承包经营期间，乙方必须依照国家有关规定，按期缴纳的各种税费，有关费用缴纳由甲方代扣代缴。

第八条 由于乙方承包了部分甲方的门店，充分利用了甲方所有的信息、资源。乙方保证在承包期间不得泄露相关甲方的营运资源（包括但不限于本承包协议）。

第九条 在承包期间，应保证甲方提供的办公设施设备完好，若有损坏应及时修理，并遵守甲方人事制度管理的日常人事事宜。

第十条 乙方保证不得以甲方_____店名义对外作任何形式的担保，否则均由乙方承担相应的法律责任。

第十一条 乙方承包期间所有以甲方_____店名义收取的意向金、佣金、定金等款项应及时上缴甲方财务部门，所有的成交案件的合同，应由甲方法务/甲方委托人员负责签署并协同办理后续交易手续。租赁案件亦同，如乙方以任何方式挪用客户意向金、佣金、定金等款项，则甲方有权向乙方追偿，且因此产生的其他任何损失皆由乙方承担。

第十二条 承包方必须全面履行本合同中应由承包方履行的全部条款。

第四章 发包方的权利与义务

第十三条 甲方的权利如下：

1. 对乙方有财务审计权、业务监督权和服务质量检查权。

2. 有权决定乙方承包部分的人员调整。

3. 按国家法律法规和本合同规定维护员工的合法权益。

4. 承包经营期间，运营_____店的所有营运成本（包括但不限于店面租金、水电通信费用、签约服务费、契据使用费、品牌使用月费、办公用品支出、设施设备维修费用等）

均由甲方承担。乙方承担其承包部分的人员薪资、社保费用及相应税费。

第十四条　甲方的义务如下：

1. 按本合同规定保障承包方的合法权益。

2. 全面履行本合同中应由发包方履行的全部条款。

第五章　合同的变更、解除或终止

第十五条　承包经营期间，若乙方经营不善导致不赢利的，甲方可提前解除承包协议。

第十六条　乙方如出现重大失误等问题给甲方造成重大损失而未能及时承担的或发生违规/违法事件导致媒体、消协工商房地部门投诉的，甲方有权直接解除合同，不负违约责任，并保留向乙方要求赔偿损失的权利。

第十七条　由于不可抗力的原因使本合同无法完全履行或无法履行时，经甲乙双方协商一致，可以变更或解除本合同。

第十八条　本合同规定的承包期满，甲乙双方的权利、义务履行完毕后，本合同自行终止。

第六章　违约责任

第十九条　乙方如未完成本合同规定的义务，若乙方未能更正，则甲方有权立即解除本合同。

第二十条　甲方如未完成本合同规定的义务，则乙方有权要求乙方更正，若甲方未能更正，则乙方有权立即解除本合同。

第七章　附则

第二十一条　甲乙双方同意财务管理制度、人事管理制度等均依照××不动产总部的相关规定执行。

第二十二条　经营质量要求：乙方承诺必须比照甲方经营规定完成以下经营标准即：①乙方必须按时完成每月跟盘量_____条；②每月取得租售房源钥匙_____把；③每周登录新增租售房源信息_____条；④每周登录新增租售客源_____条。

第二十三条　本合同期满后，乙方在同等条件下有优先再承包的权利。

第二十四条　双方确认的其他书面文件，均为本合同附件，上述文件材料如与本合同正文有矛盾之处，以本合同正文为准。

第二十五条　本合同由甲乙双方签字盖章后生效。

第二十六条　本合同正本_____份，发包方、承包方各执一份。

发包方：_____

代表人：_____（签字盖章）

____年____月____日

承包方：_____（签字盖章）

____年____月____日

　　承包协议是一种内部承包的经营方式，对刚创业，实力还不够的初始创业人员是一种很好的方式，不论是全包、分包，还是分组包，都是一种承包经营的形式，只是承包范围不同，承担风险和分享利润的比例不同而已，写出三个版本是希望告诉经营者，一切皆有可能，只要你诚实守信，努力经营，一定会有回报。